JN322392

“来てほしいお客様”で溢れる！

「サロン集客」の教科書

株式会社ビューティガレージ
阿部 弘康
HIROYASU ABE

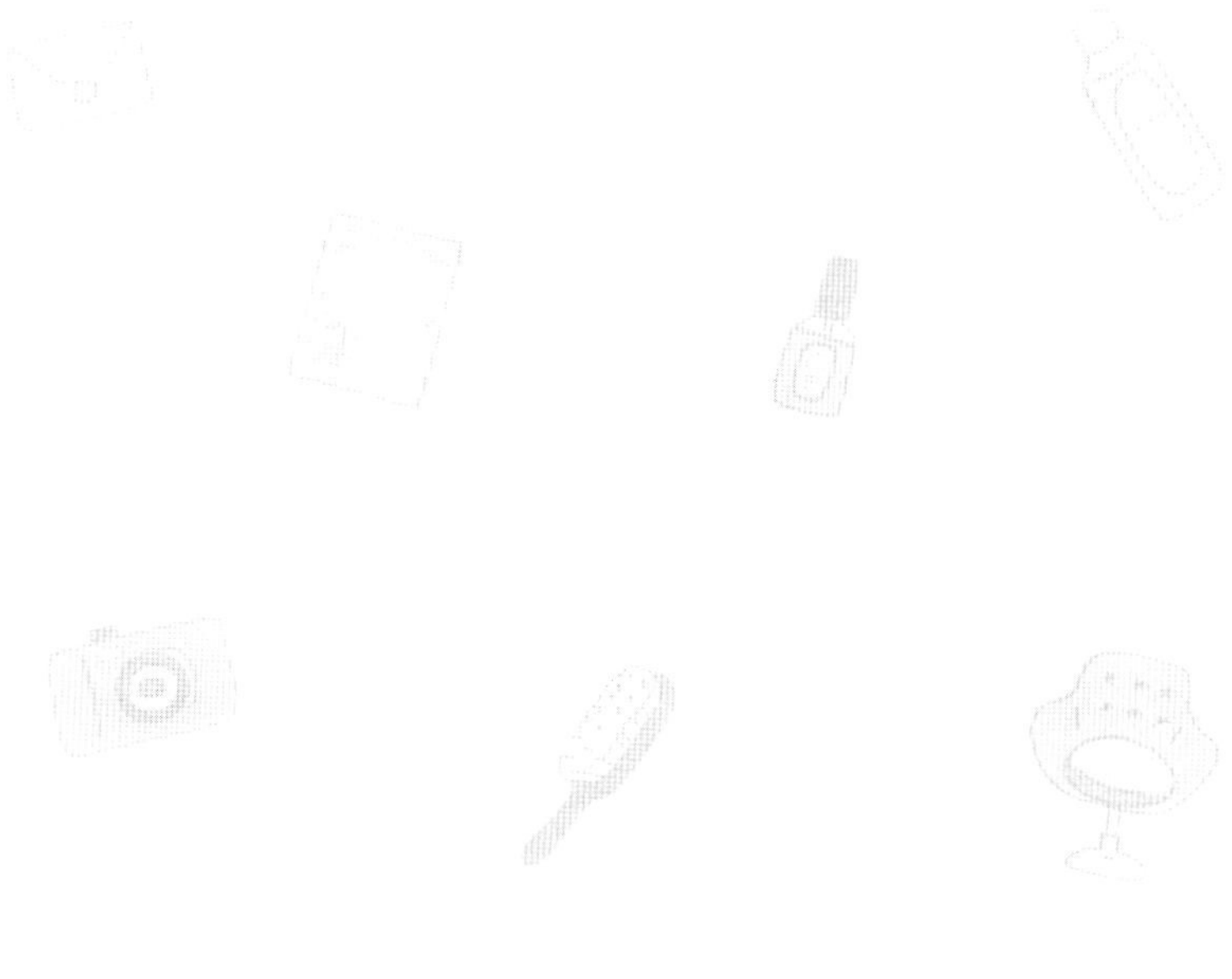

同文館出版

SALON IDEA 08

お客様とつながる「サロン集客」のヒント

SALON IDEA 01

「看板」で集客したいなら、お客様に直接呼びかけよう！

1

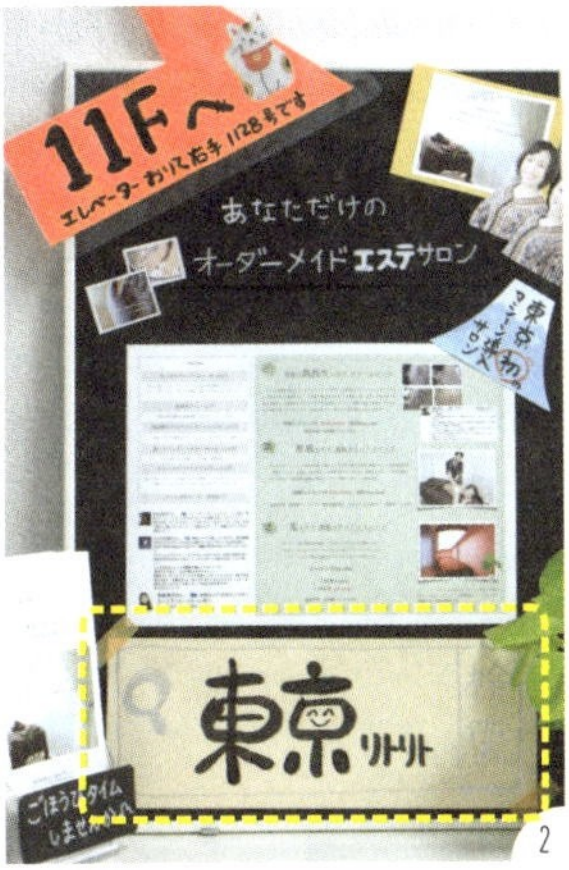

2

3

4

1
「すぐできる」と伝えることで、通りがかりの方をお店に誘導できます。

2
「○○検索」と誘導して、お客様にサロンを知ってもらいましょう。

3
「予約なしOK」と書くことで来店促進につながります。その他、飛び込み大歓迎なども効果的。

4
看板からあえてすぐ集客を狙うのではなく、チラシやホームページに誘導することでフックの役目を果たします。

本文42～49ページ

SALON IDEA 02

地元のお客様に継続的にアプローチをするなら、「チラシ」を活用しよう！

AFTER

BEFORE

コストをおさえるなら、A5の片面チラシがおすすめ。ポスティング・ハンディングに最適。
店内写真やスタッフ写真を入れると集客力は2倍以上になることも！ 本文58ページ

お店に通い続けると髪がどうなっていくのか？「ビフォー→アフター→その後」を掲載することでお客様の関心度がアップ！ 本文178ページ

表面

中面

SALON IDEA 03

「メニュー表ちょうだい」と、お客様から言われたときに重宝する「リーフレット」

中面

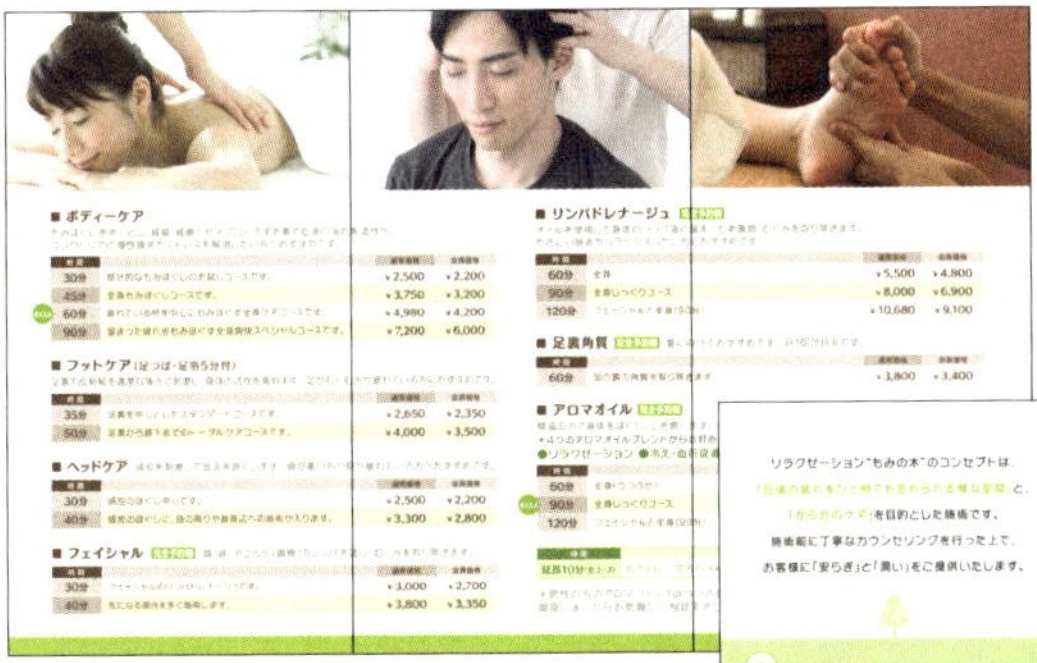

表面

サロンで一番よく見るメニュー表は、A4三つ折りリーフレット。こちらのリーフレットは、女性のハンドバッグにも入るように、あえて少し小さくしています。本文58ページ

中面

表面

思わず中が見たくなる？　観音開きのリーフレット。他店とは違う形にするだけで差別化につながります。本文58ページ

SALON IDEA

04

「メンバーズカード」に
ユーモアを取り入れて、
お客様のワクワクを引き出そう！

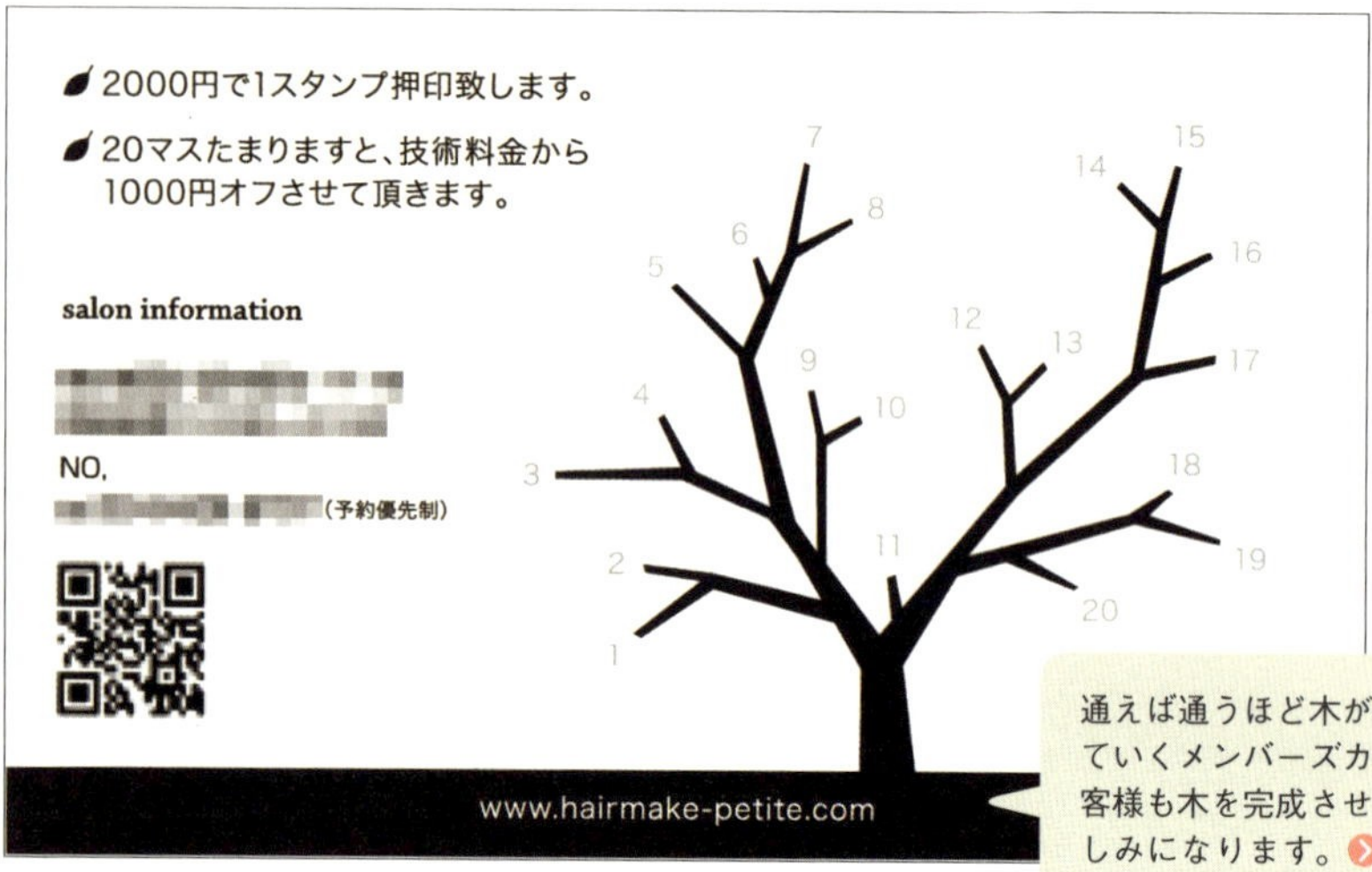

通えば通うほど木が生い茂っていくメンバーズカード。お客様も木を完成させるのが楽しみになります。本文152ページ

お客様は、財布の中にたくさんのカードを入れています。どれも大きさが同じなので財布から探すのがひと苦労……。こちらのメンバーズカードは、あえて形に変化をもたせることで、マンネリを防いでいます。

本文152ページ

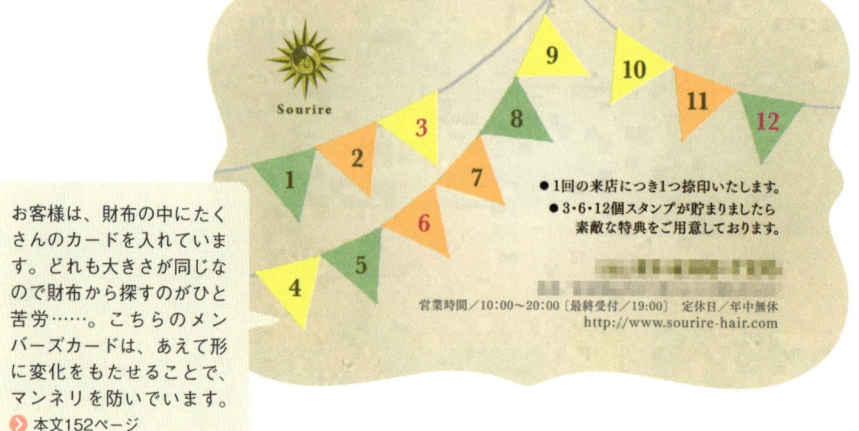

SALON IDEA 05

「名刺」も立派な集客ツール。
ひと工夫でお客様の心をわしづかみ！

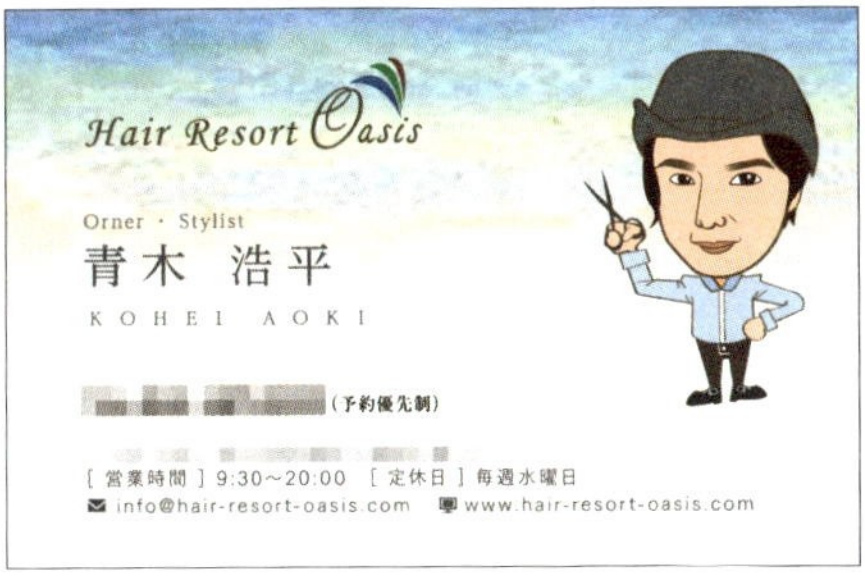

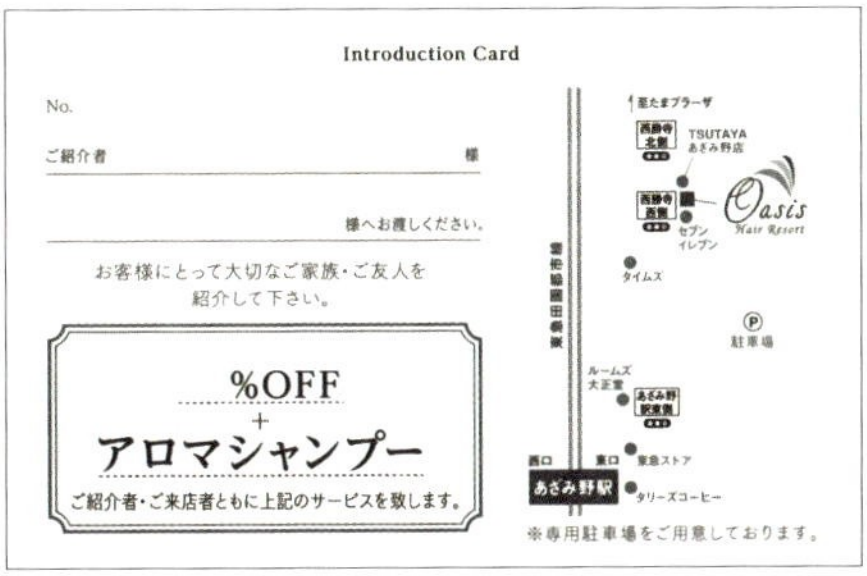

名刺に似顔絵を掲載すると、「似てる～」など会話が生まれます。裏面に紹介カードの要素を掲載することで、お客様がご友人やご家族に話すネタとしても活躍してくれますよ！ 本文122ページ

私はお客様に名刺を渡すときに必ず手書きで、“サロン集客ヘルパー　検索”と記載しています。お客様にブログを実際に見てもらうことで、オンラインでもつながってもらえる可能性があるからです。 本文102ページ

SALON IDEA
06

ワンクリックで デザイン自由自在の「ブログ」

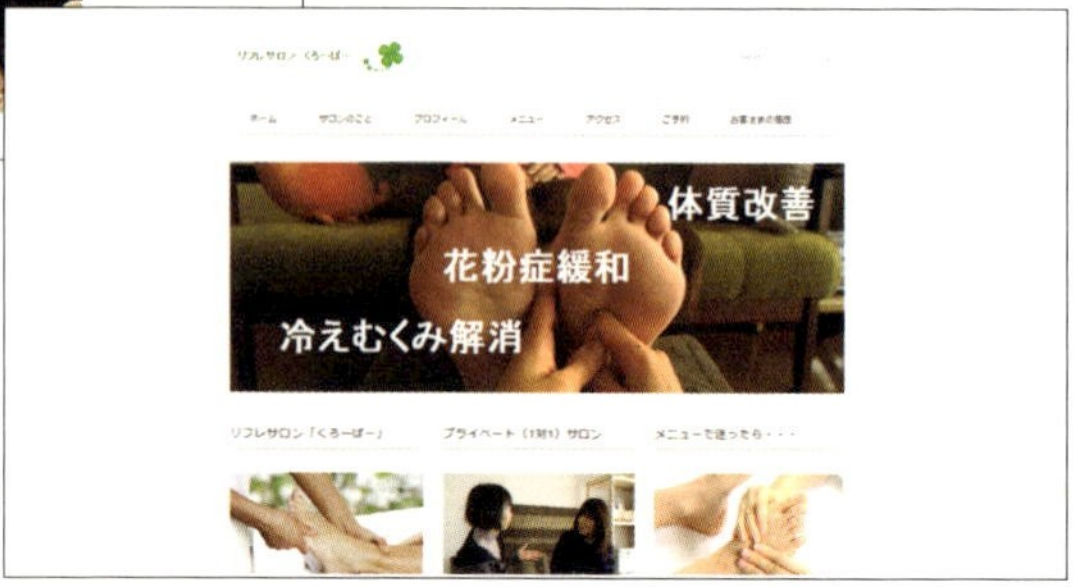

美容業界でも取り入れるサロンが増えてきたブログ（ワードプレス）。上記のサイトは独自でドメイン・サーバーを取得しワードプレスを活用しています。ワードプレスは、デザインを簡単に変えることができるのが特徴です。気分を変えたいときに、ワンクリックでデザインが変わります！ 本文112ページ

SALON IDEA
07

すべての終着駅、「ホームページ」。ポイントは「予約の刈り取り」をしっかり行なうこと！

PC

スマホ

PC・スマホサイトを作るときに最も大切なのが、お客様の“ストレスフリー”を実現すること。予約したいと思ったときにいつでも予約できることがポイントです。
このPCサイトはスクロールすると、右のネット予約のバナーが一緒にくっついてきます。スマホサイトは、上の部分が固定となるためいつでもすぐ予約することができます。本文180ページ

PC

スマホ

ビューティガレージのオリジナルテンプレート「オールインワンホームページ」を利用しています。どのページを見ても電話番号が掲載してあり、予約したいときにすぐ予約できる仕様になっています。本文114ページ

SALON IDEA 08

アナログにはアナログのよさがある！「真心DM」でお客様の心をつかみとろう

ご来店から3日以内に届ける「サンキューDM」。お客様あての手書きメッセージを加えると好感度アップ！

本文144ページ

既存のお客様だけに届けるDM。新規集客も大切。でも、他にも大切なことはあります。それは、既存のお客様に対して手厚いサービスを行なうこと。たまには、既存のお客様にもお値引きをしてあげてくださいね♪

本文144ページ

はじめに

「本当に来てほしいお客様」を集客できていますか?

最初からリピーターになるお客様を集客する!

これが本書の役割です。

- **狙ったお客様を集客する方法がわからない**
- **ネットで集客する方法がわからない**
- **クーポンサイトをやめたい**
- **口コミや紹介で集客をしたい**
- **なかなかお客様がリピートしてくれない**

これらは、支援先のサロンや、私が運営するブログに寄せられた生の声です。

本書を手に取っているあなたにも、思い当たる項目があるのではないでしょうか?

なかでも、「クーポンサイトをやめたい」「クーポン目当てのお客様に頼りたくない」という声は、すべての悩みの根っこであるように思います。

クーポン目当てで来店するお客様は、リピートする気がないお客様です。クーポンが使えるのは通常初回のみ。それ以降は通常料金となります。クーポン目当てのお客様は「価格」に価値を感じているため、安くなければ来てくれません。そして、クーポン巡りを繰り返してしまうのです。

価格以外の価値を伝えるためには、どうしたらいい？

私が担当している美容室の事例をお話ししましょう。

その美容室は、中目黒駅から徒歩7分。決して立地がよいとは言えません。夫婦で営んでいる、セット面3面、シャンプー台2台の個人経営の美容室です。

オープン当初、チラシを1万枚ポスティングしましたが、月に10名しか集客できませんでした。オープン初月は、30万円の売上で大幅な赤字となってしまったのです。

オープンから1ヶ月が経過したある日、オーナーさんからSOSが届きました。このままでは、3ヶ月で運転資金が底をついてしまい、店を閉めなくてはいけない。クーポン目当てでも何でもいいから、とにかく新規集客したい――。

そんなとき、「クーポンサイトに掲載をスタートしようと思っていますが、どう思いますか？」と相談を受けました。

中目黒エリアでクーポンサイトに掲載すると、およそ毎月数十万円の広告費がかかります。

私がオーナーさんにお伝えしたのは、「クーポンサイトへの掲載はまだ早い」。

なぜなら、現時点で売上が30万円しかないという状況で掲載するのは、自らの首を締める行為につながってしまうからです。


そこで、私がアドバイスしたのは3つ。

- **本当に来てほしいお客様はどんな人なのか**
- **お店のウリは何なのか**
- **お店のウリをどのように発信するのか**

こちらの美容室には、看板娘ならぬ看板犬（シーズー）がいます。そして、中目黒は犬を飼っている人が多い土地柄です。

そこで私は、オーナーさんに「犬好きが集まる美容室」というコンセプトを提案。犬好きが集まる場所に、積極的に参加するようにすすめました。

具体的には、

- **近所の人が、犬の散歩でよく利用する公園に行く**
- **ドッグランに参加する**
- **犬の美容室にチラシを置いてもらう**

こうした行動を実践した結果、飼い主の輪が広がっていきました。

結果、飼い主同士で会話が生まれ、オーナー夫妻が美容室を経営していることも知れ渡っていったのです。

そして、売上も、オープンから半年を経過した頃には、5倍の150万円になっていました。

オープンして2年が経過した頃、オーナーさんから言われたことがあります。

「あのとき、クーポンサイトに掲載しなくてよかった。阿部さんが止めてくれたから、今があります」

本書は、こちらの美容室のように、売上が伸び悩んでいるサロンのお役に立ちたい、クーポンに頼らなくても、いいお客様に恵まれる集客ノウハウをお伝えしたい、という一心で執筆しました。

集客ノウハウ・サロンの集客成功事例を余すことなく伝えたい

自己紹介が遅れました。

株式会社ビューティガレージのサロン集客チームに所属している阿部弘康《あべひろやす》（サロン集客ヘルパー）と言います。私は、これまで500店以上のサロンに集客のアドバイスをさせていただきました。

最初は、サロンからお叱りを受けてばかりでした。サロン開業予定の方を集めたセミナーでは、ある美容師さんから「あなたが伝えたことにお金（1万円）は払えません。出直してきてください」と、セミナーの最中に面と向かって言われたこともありました。

このときは本当に落ち込みましたが、この一件を機に、サロンの現場に足を運ぶことを何よりも優先するようになりました。

そこで得たノウハウ&事例を、今ではセミナー・ブログ・YouTubeで伝えています。お手元のスマートフォンで**「サロン集客ヘルパー」**と、検索してみてください。私が運用するブログをご覧いただけます。このブログには、サロン集客のネタだけを毎日1記事投稿しています。はじめて投稿したのは、２０１３年8月9日。このブログを投稿し続けた結果、とても多くのサロンオーナー様からお問い合わせをいただくようになったのです。

今思えば、あの失敗経験がなかったら、現在の私はありません。ましてや書籍を出版することなんて夢のまた夢でした。

本書では、私が実際にサロンに伺って得た現場のノウハウ&事例を余すことなく伝えています。あなたのサロンに1冊は置いてほしい「サロン集客」の教科書です。


株式会社ビューティガレージ サロン集客チーム　阿部弘康（サロン集客ヘルパー）

〝来てほしいお客様〟で溢れる！「サロン集客」の教科書　目次

2章

つい来店したくなる店前集客の仕掛け

3章

集客力のある捨てられないチラシを作る

4章

検索エンジンを制する
サロンはネット集客を制する

5章

ブログから誰でも簡単に集客できるコツ

6章

予約につながるホームページを作ろう

7章

来店されたお客様にサロンを印象づけよう

8章

お客様にリピートしてもらう方法

9章

お客様が進んで紹介したくなる工夫

10章

集客に成功しているサロンの具体策

イラスト　竹永絵里
カバー・本文デザイン、ＤＴＰ　ホリウチミホ（ニクスインク）

1章

サロン集客を成功に導くポイント

01

なぜ、あなたのサロンは集客できないのか？

サロンオーナーの集客に関する悩み

この本を手にしているということは、あなたは、少なからず集客に悩んでいるのでしょう。サロンオーナーの悩みには、以下のようなものがあります。

①そもそも新規集客の方法がわからない！

今までは、勤めていたサロンが集客をしてくれていたので、それに甘えてしまっていた。自分でサロンをスタートしてチラシをポスティングしたり、ブログを書いたり、ホームページを作ってみたものの、なかなか思うように集客ができない。

②値引きしないとお客様が来ない？

クーポンサイトやフリーペーパーに掲載すると新規のお客様は来てくれる。しかし、再来店してくれるお客様は大幅に減ってしまう。リピート率が上がらないのはなぜだろう。

③顧客ゼロから集客しなければならない？

今まで勤めていたサロンとの契約で、近場には出店できない。あるいは地元で開業するため、馴染みのお客様が来店するには距離が遠すぎる……顧客ゼロから新規集客するのはとても不安。

④ネット集客は本当にできるの？

パソコン初心者の私にもネット集客はできるのだろうか？　実際にどのようにネットを利用すれば集客できるのか。

やみくもに集客するのは今日で終わり

これらが私に寄せられる集客に関するもっとも多い悩みや不安です。ひとつでも当てはまる人には、本書をぜひひとも読んでほしいと思います。

やみくもに集客するのは今日で終わり。あなたが「来てほしいお客様」を集客するためにはどうしたらいいのか。本書では、「安売りしないで集客する方法」をお伝えしていきます。

サロンオーナーの「集客」の悩みを解決する！

新規のお客様が
全然来ない
➡1章へ

値引きして
集客しても
次につながらない
➡8章へ

ホームページを
作ったけれど
全然集客できない
➡6章へ

なかなかブログを
更新できない
➡5章へ

チラシをまいても
最近、効果が
薄れてきた
➡3章へ

お客様がなかなか
自分のサロンを
紹介してくれない
➡9章へ

このままでは、サロンが潰れてしまう……

02 はじめに押さえてほしい！サロン集客の「鉄板ルール」

「どうやったら集客につながるの？」という声をよく耳にします。集客を成功させるためには、押さえてほしいポイントが4つあります。

①どんなお客様に来てほしいのか明確にする

「どんなお客様に来てほしいと思っていますか？」とサロンオーナーに質問をすると、多くのオーナーは、「20～40代の女性に来てほしい」と言います。

しかし、考えてみてください。20代の女性と40代の女性が抱えている悩みは、一緒でしょうか？　あまり対象を広げず、お客様が、「私のことかも？」と思ってくれることが大切です。万人向けは万人受けしないことを意識しましょう。

②サロンのウリをしっかり伝える

「あなたのサロンのウリは何ですか？」と聞くと、多くのオーナーが、「○○というメニューがウリです」とおっしゃいます。しかし、そのメニューは他のサロンと比較したとき、差別化されているでしょうか？　メニューのウリだけでは本当のウリとは言えません。

サロンのウリを考えるときは、「空間」「メニュー」「サービス」「スタッフ」の4つの視点で考えるようにしましょう。

③どのような販促ツールを使うのかを見極める

サロンの販促ツールには、「看板」「チラシ」「ホームページ」「ブログ」「ソーシャルメディア（SNS）」などがあります。来てほしいお客様を集客するためには、どの販促ツールが効果的なのか知ることが必要です。

④集客につなげるために予約導線を明確にする

お客様がサロンに行く際に、どのような行動を取るでしょうか。「予約しないで飛び込む」「電話で予約する」「ネットで予約する」。集客につなげるポイントは、お客様が取る行動を予測し、予約へ誘導することです。

成功するサロン集客の鉄板ルール

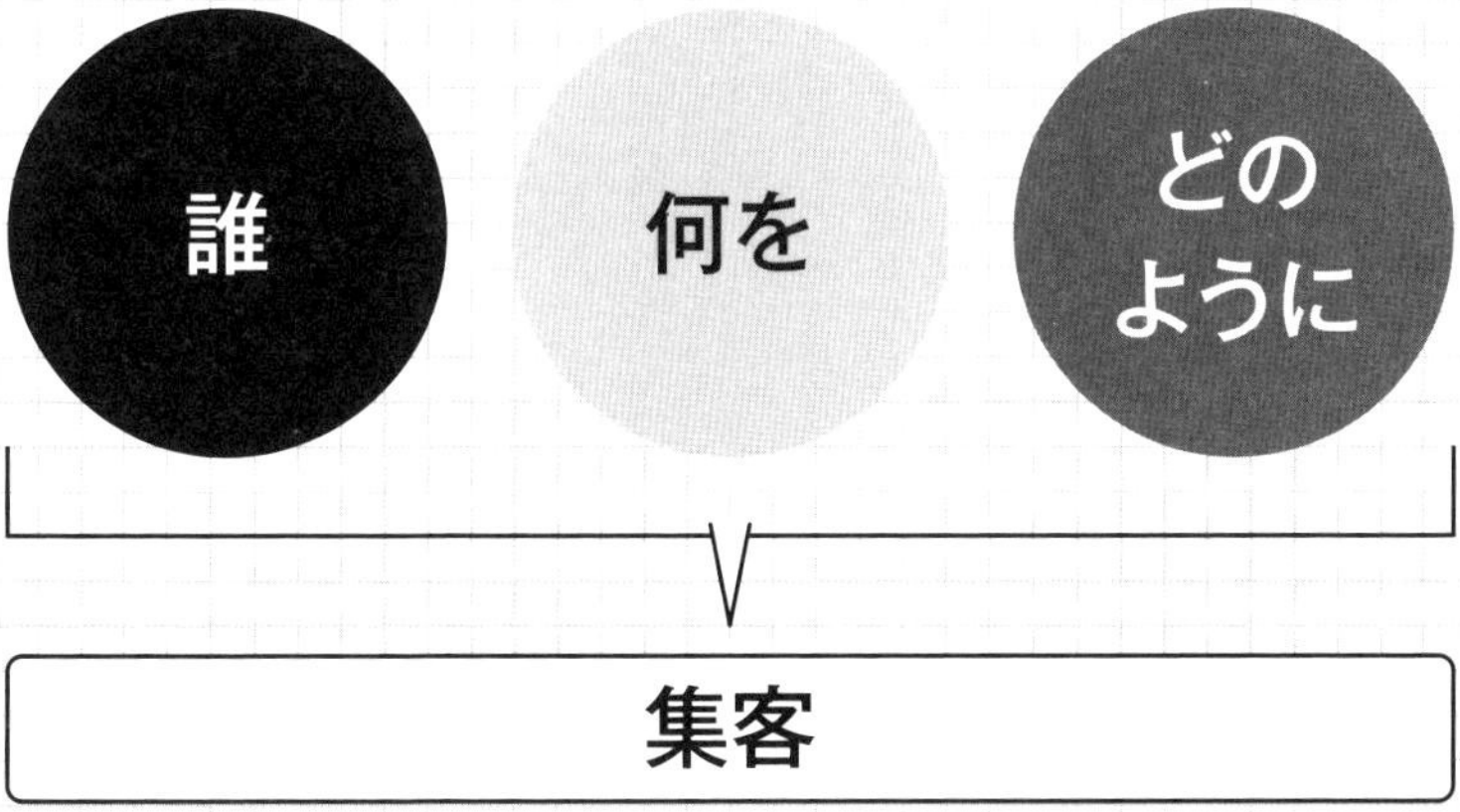

誰　どんなお客様に来てほしいのかを明確にする
できるだけ詳しく絞ることがポイント

何を　サロンのウリは何か？
そのウリはお客様が共感できる内容に
なっているかどうかがポイント

どのように　どんな販促ツールを使うのか？
ポイントは「アナログとネット」の掛け合わせ

集客　集客に結びつけるためには、お客様に取ってほしい行動を
明確に伝えることが重要

03 サロンに来てほしい人を明確にしよう

性別・年齢・悩みの軸で考える

前項でも少し触れましたが、「万人向け」の集客法は「万人受け」しません。ポイントは、お客様が「私のことかも？」と思ってくれることです。左に3つのサロンの特徴を示しました。どの特徴が、ターゲットが明確になっていると思いますか？

・すべての女性をきれいにするエステサロン
・40代女性のきれいを応援するエステサロン
・40代女性の「最近太ってきた」を解決する痩身専門のエステサロン

いかがでしょうか？「40代女性の『最近太ってきた』を解決する痩身専門のエステサロン」が、断然ターゲットを明確に打ち出していることがわかります。このように、性別・年齢・悩みをベースにお客様を捉えることで、サロンに来てほしいお客様が明確になります。

たったひとりのお客様になるまで絞ろう

あなたに質問します。「40代女性の『最近太ってきた』を解決する痩身専門のエステサロン」に通っているお客様はどんな人だと思いますか？　できるだけ具体的にお客様像を想像してみてください。

ポイントは、「たったひとりのお客様像」になるまでイメージを絞ることです。

絞るときのポイントは3つ。**①年齢・家族構成・職業・年収・居住地・学歴・性格など、②大切にしているもの・考え方、③今解決したい悩み・こうなりたいという願望**、です。

この3つのポイントを意識して、来てほしいお客様をイメージしてみましょう。そうすることで、お客様に何を提供したら「共感」してもらえるのかがわかります。

たったひとりのお客様像になるまでイメージする

①年齢・家族構成・職業・年収・居住地・学歴・性格

阿部佳織（仮名）42歳
・ご主人50歳、息子19歳、娘15歳
・自営業。持ちビルである不動産の管理業務
・年収400万円
・名古屋市東区
・一見しっかりしていそうだが、実はおっちょこちょいな一面がある
・毎月1万円はエステサロンに使える

②大切にしているもの・考え方

・「きれい」になるための努力は怠らない
・フェイシャルの家庭用機器を購入
・週に2回スポーツクラブに通っている
・娘が高校受験を控えているため、子供への教育には
人一倍熱心である

③今解決したい悩み・こうなりたいという願望

・35歳をすぎたあたりからやせづらくなっている
・スポーツクラブに10年通っているけれどやせない
・年齢の衰えを感じている
・お腹まわりの贅肉・足のむくみが気になっている
・10年前の自分に戻りたいと願っている

※エステサロンオーナーに考えていただいた、サロンに来てほしいお客様像の例

04

あなたのサロンのウリは何ですか？

ものやメニューだけではウリにならない

「あなたのサロンのウリは何ですか？」と美容室オーナーに質問をすると、多くの人が「オーガニック系の商品を取りそろえていること」「ヘッドスパを押していきたい」というようなことをおっしゃいます。

でも、そのウリは、他店も同じようにウリとして打ち出しています。

つまり、ものやメニューだけをウリにするのでは不十分なのです。サロンのウリを伝えるときに重要なのは、「掛け算」です。

【お客様の悩みや願望】×【店として打ち出したいウリ】＝【ターゲットの共感】ということです。

平日、深夜営業をする理由とは？

ひとつ事例を紹介しましょう。私が、コンサルティングをしている美容室の話です。

この美容室のウリは、「平日は23時まで営業している」ことでした。そこに「なぜ、遅くまで営業することにしたのか？」という理由を掛け合わせるのです。

そのサービスは、あるお客様の声がきっかけではじめたということでした。それは、「美容室は殿様商売だよね。だいたい夜の7時から8時には閉まってしまう。会社帰りに寄りたいと思っても寄れないよね」という声です。

そこで、「夜間に利用したいお客様のために平日の深夜営業を開始した」ことを訴えます。そして、会社帰りに寄れるので、土日を趣味にあてたり家族サービスができる、というプライベートの時間の有効活用について伝えるのです。

これが、「お客様の悩み・願望」と「サロンのウリ」を掛け合わせて発信するということなのです。

サロンのウリを伝えるときは「掛け算」で考える

お客様の悩みや願望
残業した日でも寄れる美容室がないものか？

×

店として打ち出したいウリ
平日23時まで営業していること

＝

お客様が共感してくれること
休日（土日）のプライベートの時間を有効に満喫できるようになること

POINT サロンのウリを考えるとき、
「空間」「メニュー」「サービス」「スタッフ」の
4つの視点で考えてみる。
ポイントはお客様の共感を得ること！

05

お客様はサロンをどのように探している？

お客様がサロンをどう探して来店するか考えよう

どのようなプロセスでお客様が来店してくれるのかを考えることは非常に重要です。

【店前にある看板に目が止まる】→【横に置いてあるチラシを手に取り興味を持つ】→【自宅に帰り、パソコンでサロンを検索】→【ホームページを隅から隅まで見て来店】。

これは一例ですが、お客様がサロンに来店するストーリーを考えることで、どの集客ツールを準備すればいいのかが明確になってきます。

エステサロンオーナーが考えたストーリー

シワ・たるみ・くすみ・毛穴の乾燥など、お肌の老化が気になりはじめたお客様を想定すると……。

このまま老けたらどうしよう。そんなの絶対イヤだと思いながら毎日鏡を見ている。でも、どうしたらこのシワやくすみを取って、10年前の自分に戻れるのかわからない。

そんなとき28年ぶりの高校の同窓会のお知らせが来た。3ヶ月先に開催される。みんなには会いたいけど、この顔では会えない。何とかしなければと思い悩んでいたときに、自宅のポストにエステサロンのチラシが入っていた。

チラシには、「同窓会で3倍差がつくエステとスキンケアの秘訣をホームページに記載」と書いてあり、今の自分にぴったりだと思い、すぐに検索。

サロンは思いのほか家から近く、個室で施術してくれるという。肌の悩みを相談しても誰にも聞かれないし、勇気を出して行ってみようかと思って、来店――。

いかがですか？　このように実際のお客様をイメージすると、どんな販促ツールを用意したらいいかがわかります。

お客様がサロンに来店するまでの流れ

①看板…注目を集める

POINT 何の店なのか「認知」してもらう

↓

②チラシ…興味を持ってもらう

POINT どんなウリがあるサロンなのか興味を持ってもらう

↓

③ブログ…検索してもらう

POINT チラシから「○○で検索」としっかり誘導する

↓

④ホームページ…集客につなげる

POINT お客様の興味を引き、予約・来店につながる内容にする

↓

忘れられてはいけない

⑤ソーシャルメディア…リピートしてもらう

POINT お客様に忘れられないようにコミュニケーションを図る

06

アナログ媒体とネット媒体の役割とは？

販促ツールの使い分けとは？

ひと口に販促ツールと言っても様々です。あなたは販促ツールをいくつ思い浮かべられますか？　代表的な販促ツールをあげてみましょう。看板・チラシ・フリーペーパー・ブログ・ホームページ・フェイスブック・ツイッター・LINE・YouTube……。

これらの販促ツールを3つに分類します。①アナログ販促ツール、②ネット販促ツール、③ソーシャルメディア。それぞれの販促ツールの役割と機能について考えてみましょう。

①アナログ販促ツール

看板・チラシ・フリーペーパーのことです。これらは単体で集客に結びつけることも可能ですが、情報量が限られるため、ネット販促ツールと組み合わせることによって、そのデメリットを補うことができます。

②ネット販促ツール

ブログやホームページのことです。これらも単体で集客につながります。しかし、お客様に検索してもらえなければ、見つけてもらえないというデメリットがあります。そこで、アナログ販促ツールやソーシャルメディアから誘導することが重要になります。

③ソーシャルメディア

フェイスブック・ツイッター・LINE・YouTubeなどのことです。これらによって、サロンがお客様と相互にコミュニケーションを図ることで、お客様がサロンに来店しなくてもゆるく長くつながっていられるため、サロンのことを忘れにくくなります。結果、お客様のリピート率向上につながるのです。

詳しくは2章以降で、各販促ツールで集客に結びつけるための方法をお伝えします。

アナログ媒体・ネット媒体の役割と機能

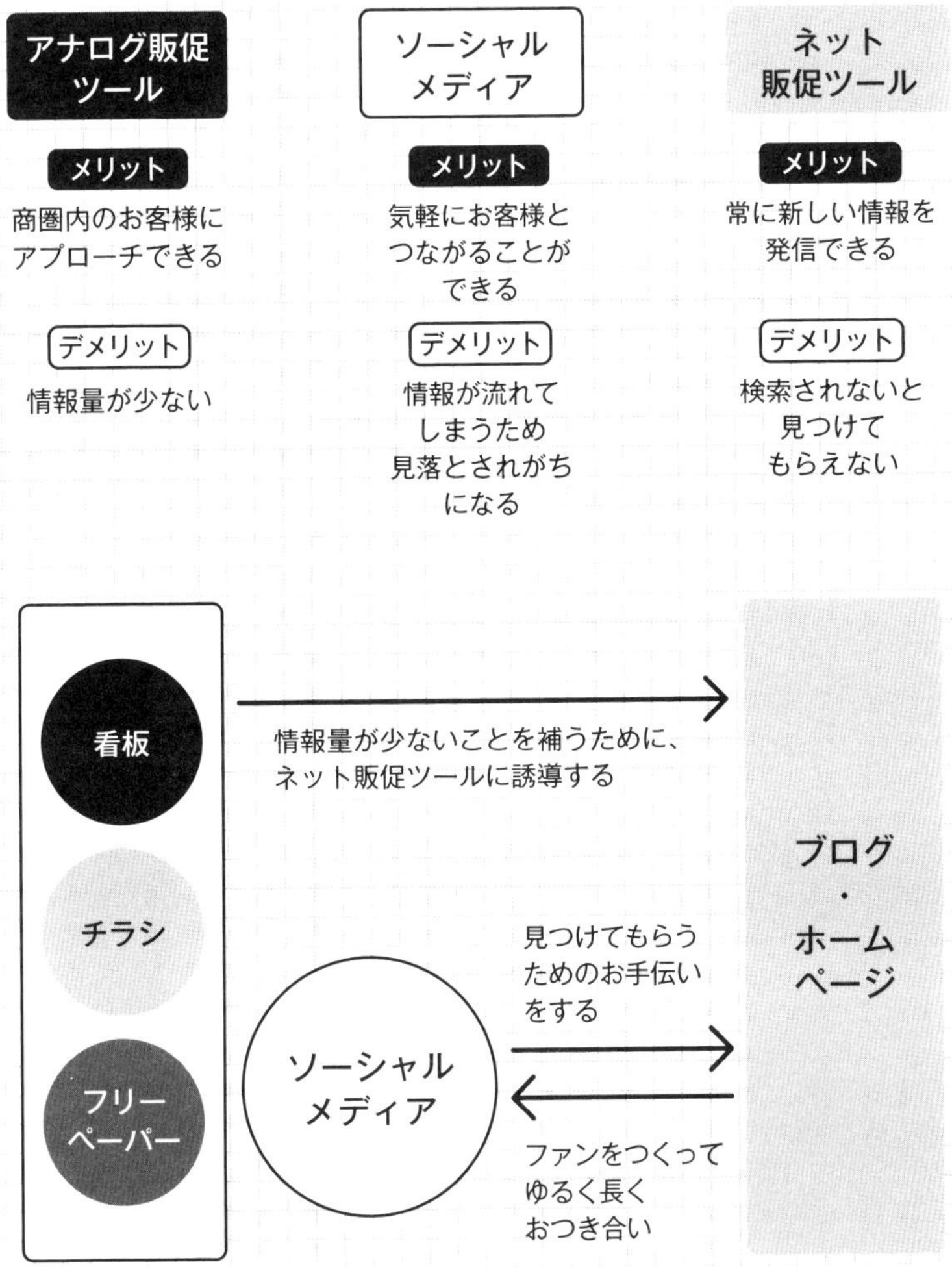

アナログ販促ツール
メリット
商圏内のお客様にアプローチできる
デメリット
情報量が少ない
ソーシャルメディア
メリット
気軽にお客様とつながることができる
デメリット
情報が流れてしまうため見落とされがちになる
ネット販促ツール
メリット
常に新しい情報を発信できる
デメリット
検索されないと見つけてもらえない
看板
チラシ
フリーペーパー
情報量が少ないことを補うために、ネット販促ツールに誘導する
ソーシャルメディア
見つけてもらうためのお手伝いをする
ファンをつくってゆるく長くおつき合い
ブログ・ホームページ

07 販促ツールを集客につなげるためには？

各販促ツールを集客につなげるポイント

お客様は、はじめてのサロンに来店するのは緊張するものです。その緊張を和らげて、背中をポンと押してあげることが集客につながります。

言い換えれば、「気楽に行けるんだ」と思ってもらえるよう、お客様の行動を促進することです。以下、各販促ツールのポイントをお伝えしましょう。

・看板は「飛び込み大歓迎」と記載する

店前を通るお客様は、「飛び込み大歓迎」とあると、そのまま来店してくれることがあります。

ある美容室の事例では、看板にキャンペーンメニューを記載していたときは、通りがかりで来店してくださったお客様は、月にゼロでした。しかし、「飛び込み大歓迎」と書いてからは、月に5名の来店があったそうです。

・「チラシをご持参ください」と記載する

チラシにクーポンを掲載することがあります。そのときは、「このクーポンをご利用できるのは、チラシをご持参した場合に限ります」と目立つように記載します。つまり、チラシを忘れたお客様は、対象外になるということです。

こうすることで、お客様はチラシを認識し、来店行動につながります。

・ホームページの注意点

ホームページには電話番号・ネット予約が全ページに掲載されていることが重要です。

サロンのホームページを見ていると、「サロン情報」ページにしか電話番号が掲載されていないことがよくあります。それでは、お客様が予約したいと思ったときに、電話番号を探さないといけません。つまり、お客様にとってストレスになるということです。

販促ツールを集客につなげる

お客様が予約・来店するときの3つの行動

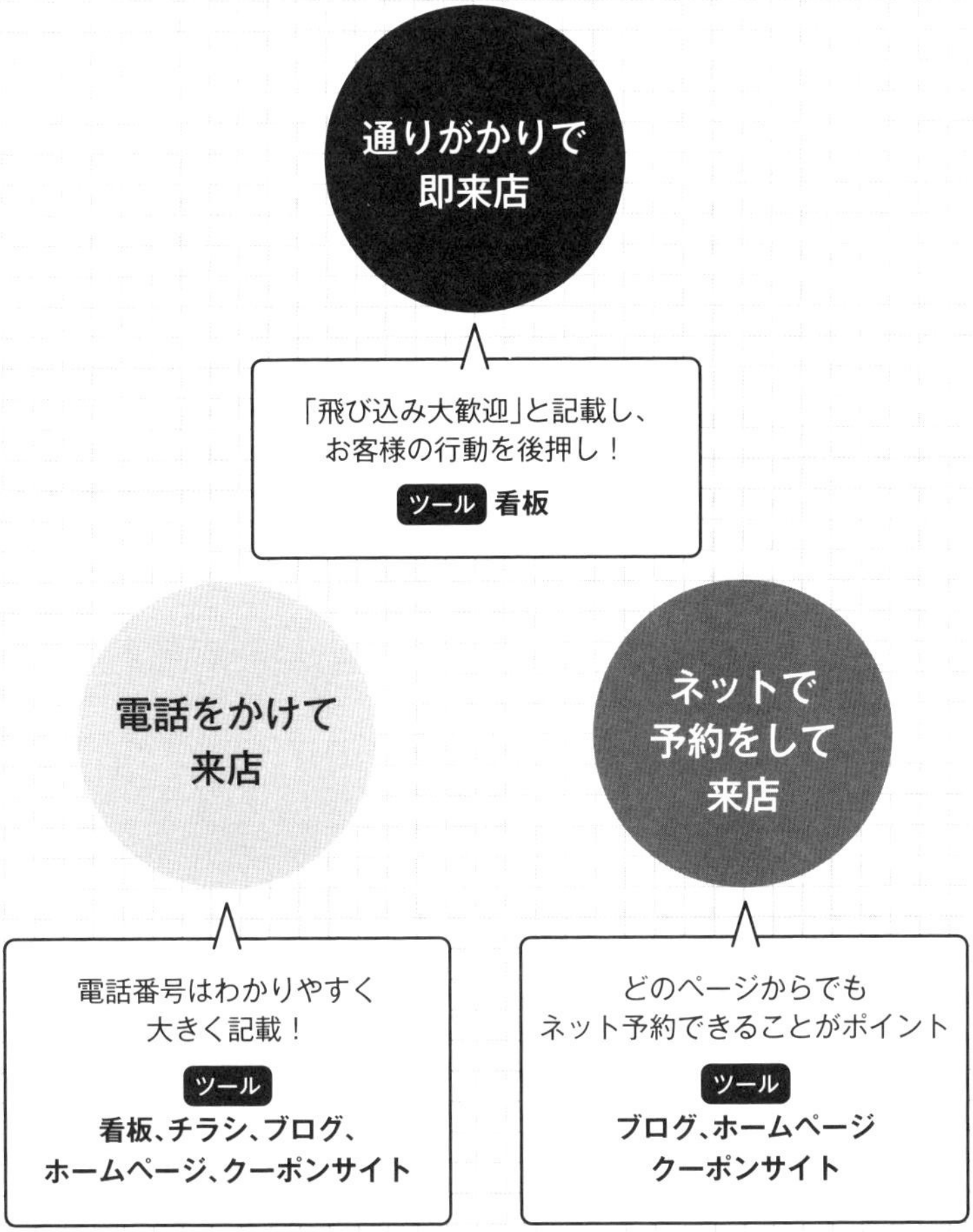

通りがかりで
即来店
「飛び込み大歓迎」と記載し、
お客様の行動を後押し！
ツール 看板
電話をかけて
来店
電話番号はわかりやすく
大きく記載！
ツール
看板、チラシ、ブログ、
ホームページ、クーポンサイト
ネットで
予約をして
来店
どのページからでも
ネット予約できることがポイント
ツール
ブログ、ホームページ
クーポンサイト

POINT お客様が来店しやすいように行動を後押しすること！

2章

つい来店したくなる店前集客の仕掛け

01 なぜ、サロンにとって店前集客が有効なのか？

店前集客がなぜ大事か？

店前集客とは、その名のとおり、店前を通る人を集客することです。店前を通るということは、店の近くに住んでいるか、店の近くに勤めている可能性が高いことになります。

お客様が、サロンに通う理由の第1位をご存じでしょうか？　それは、「近い」ということです。試しに、新規のお客様に「看板」「チラシ」「ホームページ」「ブログ」「紹介」のどれが来店動機となったかを聞いてみてください。私がコンサルティングをしているサロンは、50％以上が「近いから来店した」というお客様になっています。

ちなみに近いから来店したと言う人は、どんな人でしょうか？　習慣的に店前を通っている人の可能性が非常に高いでしょう。

店前集客で気をつけたいことは？

ビルの2階にある美容室の事例を紹介しましょう。その美容室は、看板を1階に出していました。看板は、メニューが書いてあるだけの非常に小さなもので、それを見て来店する人は、月にひとりもいませんでした。そこで、もう少し目立つようにと、店内写真を看板に掲載。すると、60代の女性が「ここはカフェでしょうか？」と言って来店。

もしかして、美容室であることが店前を通る人に伝わっていない？　そこで看板に大きな字で「美容室」と貼り出すと、月に20人も来店してくれたのです。

私はこの話を、サロンオーナーによく紹介します。店前集客で重要なことは、「何の店」であるかをきちんと伝えることです。そのうえで、次項から紹介する店前集客の3つのポイントを実践すると、集客効果が高まります。

「何の店」かひと目で明確にわかるようにしよう

Q「何の店」か、わかりやすいのはどっち？

A

もちろん、右側。
来店してくれるお客様のほとんどは、日本人。
かっこ悪いと思っても、店の前を通る人にわかるように
看板は日本語で書きましょう！

02 店前看板に最低限必要な3要素とは？

注目・興味・誘導

店前に看板を設置するときに、どんな内容にしたらお客様に効果的でしょうか？　店前看板に最低限必要な3要素を紹介しましょう。

①お客様に注目してもらう……お客様の注目を集める方法として代表的な事例が「矢印」の活用です。人は、「矢印」を見ると、ついそちらを見てしまいます。

あなたも、「あっち向いてホイ」という遊びを一度はやったことがあるのではないでしょうか？　じゃんけんをして勝った人が「あっち向いてホイ」と言って指を指します。そのとき、指の方向を向きたくないのになぜか向いてしまう。それは、指を指されたらつられて見てしまうからです。看板の場合は、指が矢印に当たります。一度お試しください。

②お客様に興味を持ってもらう……興味を持ってもらうために有効な手段が「限定」メニューの掲載です。例えば、私の自宅近くの治療院の事例ですが、「夜なかなか眠れない方限定。安眠マッサージメニュー30分5400円」という看板のメニュー。

最近寝つきが悪いと思っていた私は、このメニューを見たときに、大変興味を持ちました。「○○限定」。これが、お客様に興味を持ってもらうためのひとつの方法です。

③お客様にどんな行動をとってほしいのか誘導する……実は、このポイントができていないサロンがとても多いのです。例えば看板に、電話番号を記載しているだけのサロン。電話番号を記載するのであれば、お客様にどんな行動をしてほしいのかを併せて記載しましょう。「ご予約をお待ちしております」「お気軽に問い合わせください」などです。通りがかりの人の予約が伸びないと悩んでいるサロンは、一度確認することをおすすめします。

店前看板に最低限必要な3要素

注目

店内写真で
注目してもらう

矢印で注目
してもらう

興味

「限定」は
興味を引く
魔法の言葉

ビフォーアフ
ターで
通りがかりの
お客様の興味
を引きつける

誘導

「○○で検索」
は誘導の鉄板
ワード

「予約の
いらない」
「今すぐ
できます」は
アポなしで
OKの
魔法の言葉

03

思わず見込客が立ち止まる店前看板の仕掛け

お客様に「注目」される5つの方法

店前看板の役割は、店前を通る見込客に「何の店」であるか、「注目」してもらうことです。見込客に「注目」してもらうためにおすすめしたい5つの方法をお伝えします。

①1ヶ月に1回看板の内容を変える

あなたには毎日通る道がありますか？　毎日通っていると、看板が「風景」と同化して気にならなくなっているのではないでしょうか。つまり、サロンの看板の内容が変わっていないと、同じことが起きるのです。毎月1回は看板の内容を変えましょう。

②赤色の看板にする

赤色には人の注意を引くという特徴があります。一般的に彩度が高く暖かみのある色が注目されやすいとされますが、その中でも目立つのが「赤」です。闘牛士が牛を操るマントも赤色です。見込客の注意を引くには、地色が赤色の看板がおすすめです。

③大きな看板を設置する

ある美容室では、大きな看板（高さ150cm以上）を設置することで、通りがかったお客様の来店が月に20名以上になりました。大きな看板を設置した目的は、通りがかりの見込客の来店増加と、店前に停車するバスに乗っているお客様にアピールすることです。

④等身大の人形・マネキンを使う

看板の固定概念を取り払うのもひとつの方法です。私の印象に残っているのは、KFCのカーネル・サンダースのような人形の手に、「ヘアカラー専門店」というパネルを持たせて設置していたサロンです。思わずその人形に目を奪われました。

⑤はみ出し技を使う

看板からはみ出して、「注目」という貼り紙を貼るだけでも簡単に注目される看板に変わります。

思わず立ち止まる店前看板の仕掛け

矢印に目がいくと
思わず2階に足が
向いてしまう！

POINT お客様の注意を引き、足を止めてもらうこと

①1ヶ月に1回、看板の内容を変える
②赤色の看板にする
③大きな看板を設置する
④等身大の人形・マネキンを使う
⑤はみ出し技を使う

04 お客様の興味を引きつける店前看板のコツ

お客様の「興味」を引きつける5つのコツ

店前を通りがかった見込客が看板に注目してくれたら、その後は「興味」を引きつけることが重要になります。

そこで、見込客の「興味」を引きつける5つのコツをお伝えしましょう。

①スタッフの写真を掲載する

お客様が「何の店」であるかわかった後に知りたいことは、「どんな人が働いているのか？」ということです。看板にスタッフの写真を掲載し、どんなことが得意なのか、ひと言付け加えることで、通りがかりのお客様の来店数が5倍になったサロンもあります。

②店内写真を掲載する

外から店内をジロジロ見るのは、お客様にとっては難易度が高いものです。そこで店内写真を看板に掲載することで、どんな雰囲気かを伝えましょう。

③限定メニューを掲載する

人は「限定」という言葉にとても弱いものです。「数量限定」「季節限定」「先着○名様限定」などの記載があると、早く来店しなければという気になります。

④ビフォーアフターを掲載する

あるネイルサロンでは、看板にネイルケアのビフォーアフターを掲載しています。ビフォーアフターでとくに伝えたいところは、赤く丸で囲んで目立たせています。

⑤店のウリを掲載する

ある美容室では、看板で親子カットができることをイラストで伝えています。カンガルーのように、お母さんの膝に小さい子供が座り、親子でカットしている様子がイラストで描かれています。

お客様の「興味」を引きつける5つのコツ

ビフォーアフターの写真を掲載することで、お客様はどのようになれるのかイメージできる

POINT お客様の興味を引きつけ、じっと看板を見てもらうこと

①スタッフの写真を掲載する
②店内写真を掲載する
③限定メニューを掲載する
④ビフォーアフターを掲載する
⑤お店のウリを掲載する

05 お客様に来店を促す店前看板の誘導策

お客様の来店を「誘導」する4つの方法

はじめてのお客様に来店していただくには、①店頭チラシを取ってもらう、②スマートフォン・パソコンで検索してもらう、③電話をかけてもらって予約してもらう、④看板を見てすぐに来店してもらう、の4つの方法があり、お客様にそうした行動を取ってもらうように促さなくてはなりません。

①店頭チラシを手に取ってもらうには

お客様にチラシを手に取ってもらうためには、看板にチラシを入れる入れ物を設置しましょう。100円均一ショップで売っているボックス・かごなどを看板の横にかけておけばいいのです。入れ物には、矢印を目立つようにつけて、「ご自由にお取りください」と記載します。

看板で伝えきれない情報をチラシに記載することで、お客様にサロンをさらに知っていただけます。

②スマートフォン・パソコンで検索してもらうには

サロンの看板に、「◯◯で検索」と記載しましょう。看板では伝えきれない情報を、スマートフォンやパソコンで検索してもらうことで、より詳しく伝えることが目的です。「◯◯で検索」と記載するときに重要なことは、できるだけ検索ワードの文字数を少なくすることです。

③気軽に電話で予約してもらうには

看板に電話番号を記載するときには、「お気軽にお問い合わせください」「完全予約制になっております。お電話にてご予約を承ります」といった、行動を促す言葉を添えましょう。

④看板を見てすぐ来店してもらうには

ある美容室では、看板に「飛び込み大歓迎」と大きく記載して、月ゼロだった新規来客が月5名になりました。

お客様に来店行動を促す4つの誘導策

看板にチラシを配置すると、興味・関心のあるお客様はすすんで手に取ってくれる。看板では伝えきれない情報をチラシでしっかり伝えよう

POINT お客様に来店行動を取ってもらうためにひと工夫する

①チラシを手に取ってもらう
②スマホ・パソコンで検索してもらう
③気軽に電話で予約してもらう
④看板を見てすぐに来店してもらう

06

【番外編①】無視されても続けた「挨拶」で集客

ザイアンスの法則とは？

よく目にする物や何度も耳にする音楽に、人は自然と愛着を持つようになるそうです。もちろん、人や店についても同じように、何度も会ったり接する機会が多いと好感を抱くようになります。

これを「単純接触効果」と言い、アメリカのロバート・ザイアンスという心理学者が１９６８年に論文にして発表したことで、世界中に知られるようになりました。彼の名を取って「ザイアンスの法則」とも言われています。

こんな人の心理を知っておくと、サロン経営にも役に立つことがあるかもしれません。

無視されても挨拶を続けた理由とは？

ある美容室で、この法則が実証された出来事がありました。その美容室のオーナーは、出勤すると、まず店の前の掃除をします。店の前を通る人には、「おはようございます」と毎日挨拶を続けました。しかし、ほとんどの人が無視です。それでも、来る日も来る日も挨拶を続けたのです。

するとあるとき、ひとりの男性が、「ここは美容室ですか？　今度カットをお願いしたいんだけど」と言ってきたのです。その男性に、なぜ予約をしてくれたのかを尋ねると、「毎日、挨拶をしてくれたから好感を持った」と言うのです。

彼は、雇われていたときは、朝の掃除や挨拶を自ら進んでしたことはありませんでした。しかし、美容室を経営するようになってからは、自分でやれることはすべてやるという信念で、毎朝の掃除と挨拶を続けたのです。

継続することで、集客につながることがあります。広告を打つことだけが集客手法ではありません。人と人のつながりが集客力となることもあるのです。

人とのコミュニケーションが「集客」力になる！

POINT 継続は力なり！　挨拶を続けることで集客につながる

07

【番外編②】サロン開業前の店前集客が有効な理由

周りの人は近所の工事をとても気にしている？

自宅の近所で、何かの店の工事が行なわれていたとき、何の店がオープンするのか気になったことはないでしょうか？

ある美容室オーナーは、コンビニでオープンする予定の物件資料をコピーしたそうです。そのとき、打ち合わせ時間が迫っていたため、コピー機に資料の原紙を置き忘れてしまいました。それに気づいてコンビニに戻ると、パートの女性3名が、その資料の原紙を持って、「あの工事の場所には美容室ができるのね」と集まって話をしていたそうです。

このような事例からも、近所の工事について周りの人はとても気にしていることがわかります。

オープン前の工事時期にやってほしいこと

そこで、サロンオープン前にぜひ実行してほしいことを3つお伝えします。

①看板またはポスターを設置する

工事期間中に、看板やポスターを設置して「何の店」がオープンするのか、周囲に伝えましょう。

②看板に「〇〇で検索」と書く

看板やポスターだけでは、情報量が限られます。そこで、サロンを開業する前から、その様子をブログに投稿しましょう。そして、工事中の看板やポスターに「〇〇で検索」と記してブログに誘導するのです。

③QRコードを貼る

ある美容室では、工事期間中からネット予約ができる状態にしていました。そして、そのためのQRコードを店一面に貼ったのです。結果、オープン前に事前予約が20名以上獲得できました。店前を通る人が、新規店に興味を持っていることがわかった事例です。

オープン前の工事時期にやってほしい3つ

1. **看板またはポスターを設置**
2. **「○○」検索と書いてブログ・ホームページに誘導**
3. **QRコードを貼って、先行予約できることを伝える**

POINT 工事期間中は、「何の店」ができるのか近所で話題になっている！

3章

集客力のある捨てられないチラシを作る

01 サロンがチラシを作成すべき3つの理由

商圏内にアプローチ可能・即効性・経費削減

チラシはサロンの有力な販促ツールです。ではなぜチラシが有効なのかを説明しましょう。

①商圏内のお客様に直接アプローチできる

サロンという業態は、一般的に待ちの商売です。そのため、まずサロンの存在を知らせないとお客様は来てくれません。チラシの優れている点は、サロン周辺のお宅（商圏内）に、サロンの存在を直接、発信できることにあります。

チラシを配布する前に、商圏分析を行なっておくと、サロンに来てほしいお客様（ターゲット）がどのエリアに多く住んでいるのかを事前に知ることができます。そのターゲットにピンポイントでチラシを配布することで、ムダに配らないですみます。

ポスティング業者に依頼する場合は、エリアによって料金は違いますが、1枚4円前後で請け負ってくれます。

②即効性のある販促ツールである

チラシはお客様にダイレクトに届けることができるため、即効性を期待できる販促ツールと言えます。

また、どのエリアから何名来店したのかという効果測定がしやすいのも特徴です。サロンとしてチラシの配布が効果的なエリアを知ることができれば、次の一手が打ちやすくなるメリットもあります。

③販促費を抑えることができる

チラシを制作する場合、多くは業者に依頼します。そうすると販促費は決して安くありません。しかし、自分で作るという選択肢もあるのです。

あるエステサロンは、自店でワードでチラシを作成し、500枚配布して10名の集客に成功しました。印刷代は5000円ほどだったので、元はとれています。自分で制作しているので、販促費は印刷費だけです。

チラシが有効な販促ツールである3つの理由

❶ 商圏内のお客様に直接アプローチできる

❷ 即効性のある販促ツールである

❸ 販促費を抑えることができる

手書きチラシは低コストで、親近感がある

02 手渡し・ポスティング・店頭配布用のチラシ作成法

最適なチラシサイズと作成の工夫

チラシの配布方法は、大きく分けて3つあります。「ハンディング（手渡し）」「ポスティング（ポストに投函）」「店頭配布」です。

それぞれ、最適なチラシサイズと、配布するときのちょっとした工夫について紹介しましょう。

①ハンディング（手渡し）

ハンディングに適しているチラシのサイズは、B6かA5です。なぜなら、お客様がカバンに入れやすいからです。

私の知り合いのネイルサロンオーナーは、一風変わったハンディングをしています。その名も「ナンパハンディング」。不特定多数の人にチラシを配布するのではなく、街を散歩してサロンに来てほしいお客様を見つけたら、その人めがけてチラシを持ってナンパしに行くのです。ムダなチラシを配布することはありませんし、なおかつ見込客にピンポイントでチラシを届けることができます。

②ポスティング（ポストに投函）

ポスティングに適したチラシサイズはA4以上です。それ以下のサイズのチラシだと、埋もれてしまう可能性が高いためです。

ポスティングする際に、すぐに捨てられないようにするには、A4のクリアファイルに入れて配ることです。

③店頭配布

店頭配布は、来店してくださったお客様に渡すメニュー表（パンフレット）と、看板に設置して通りがかりの人に持って行ってもらうものがあります。

メニュー表でおすすめなのが、A4を3つに折る仕様です。6面に情報を発信できますので、メニュー表に適しています。看板に設置する場合、B6・A5サイズのチラシもおすすめです。

ハンディング・ポスティング・店頭配布用のチラシサイズ

一般的な紙のサイズ

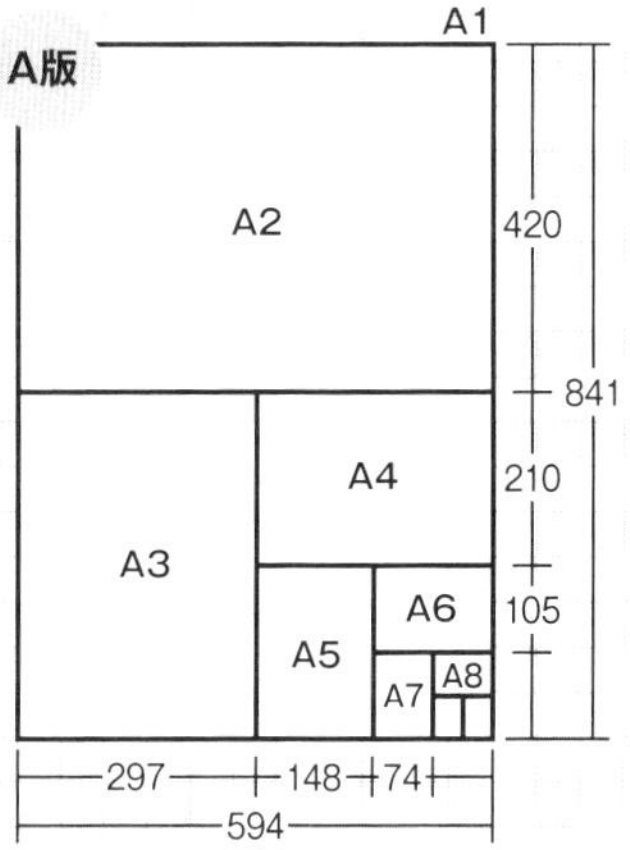

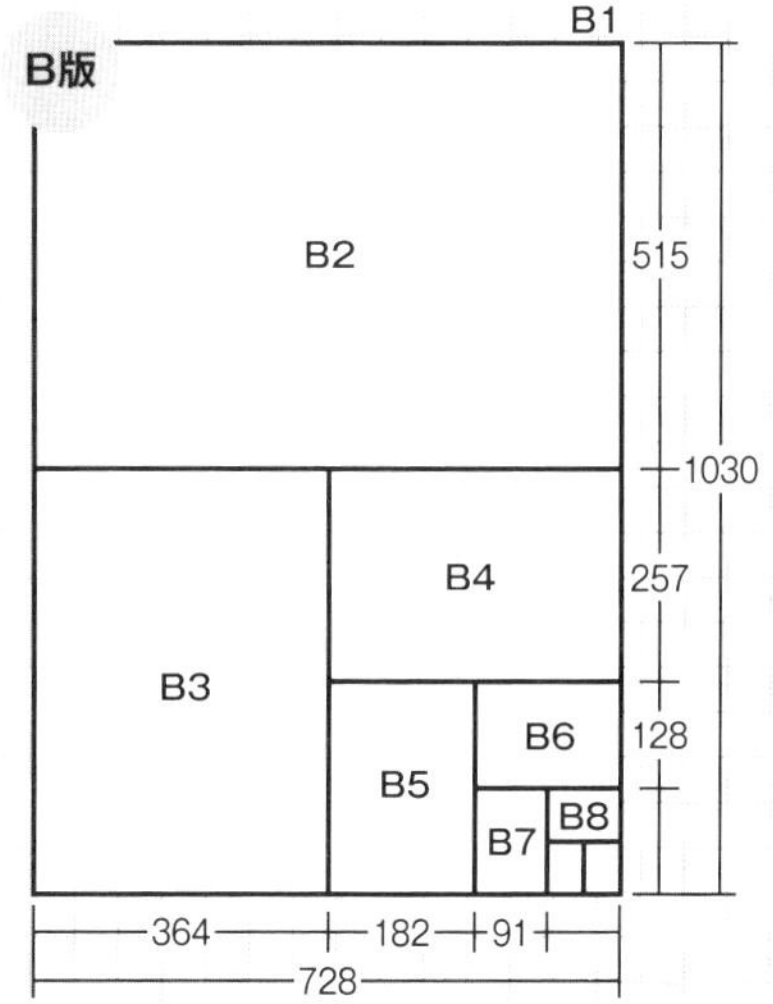

おすすめサイズ

ハンディング
A5・B6

ポスティング
A4以上

店頭配布
A5・B6・A4

A5サイズのポスティングチラシの例

POINT
キャンペーンメニューを2つに絞っている

03

効果的なポスティング頻度と曜日

効果的なポスティング頻度とは？

あなたは、チラシをポスティングするとき、どんな頻度で行なっているでしょうか？　もし、1回まいたままで終わっているのであれば、とてももったいないことです。チラシには継続が必要です。

チラシを見たお客様が、すぐにサロンに行こうと思うでしょうか。もちろん、すぐに予約してくださる人もいるでしょう。しかし、サロンに行ったばかり、というお客様もいます。

そこで、おすすめのポスティング頻度は、月に1回、同エリアに配布することです。できれば3ヶ月間は続けましょう。

なぜなら美容室の場合、お客様の来店頻度は2ヶ月に1回前後。エステ・ネイルサロンの場合は1ヶ月前後です。お客様の来店頻度に合わせることで、チラシの集客効果が上がるためです。

3ヶ月同エリアに配布して、集客効果が思ったより低い場合は、チラシの内容を変えるか、配布エリアを変えることをおすすめします。

効果的なポスティング曜日とは？

土曜日・日曜日は避けましょう。土曜日・日曜日は、他の業種も集中して配布してくるからです。その場合、サロンのチラシは埋もれてしまうことが予想されます。また、チラシがたくさん入っていると、そのまま廃棄されてしまうかもしれません。

月曜日・火曜日が狙い目です。なぜかと言うと、チラシがポスティングされる割合が低いからです。競争率が低いのでチラシを見てもらえる確率が高くなります。

チラシで大事なのはお客様の「手元に残してもらうこと」なので、そのために様々な工夫を凝らすことが大切です。

捨てられない！　チラシにするコツ

1
A4のクリア
ファイルに入れて
ポスティング
する

2
目立つ色の
チラシに
する

3
封筒に
チラシとともに
お菓子を入れる

4
サイズの
大きいチラシを
配布する

5
チラシを
ツルや兜などの
形に折って
配布する

6
チラシの裏面を
カレンダーにして
冷蔵庫などに
貼ってもらう

04 チラシを作成するときの悩みを解決する

店舗写真はパースで代用する

サロンを開業するときには、多くの人がチラシを作ることを考えるでしょうが、そのとき、どうしようと悩むことがあります。それは、オープン前にチラシを作成するため、店内画像やイメージ画像がないことです。

チラシを構成する要素は、おおまかに言うと、「ロゴ・オープン日・キャッチコピー・サロンコンセプト・メニュー・スタッフ紹介・クーポン」といったサロンの基本情報です。しかし店内写真やイメージ写真がないと、味気ないチラシになってしまいます。そこで私が、チラシ作成時にサロン開業者におすすめしていることがあります。

サロンの内装デザインを店舗設計事務所に依頼すると、「パース」という3Dの店内イメージを作成してくれます。その画像をチラシに使いましょう。

しかし内装を工務店に依頼すると、ほとんどの場合はパースを作成してくれません。そのときはパースだけ店舗設計事務所に依頼するか、店内写真は諦めて、イメージ画像をメインに構成しましょう。

イメージ写真は画像サイトを利用しよう

イメージ写真とは、美容室であれば「ヘアスタイル写真」、エステサロンであれば「施術イメージの写真」、ネイルサロンであれば「ネイルの画像」です。

しかしサロンを開業するときには、イメージ写真など持っていないでしょう。そこでおすすめするのが、画像サイトを利用することです。私のおすすめのサイトをご紹介します。

「写真ＡＣ」（www.photo-ac.com/）というサイトです。登録が必要ですが、商用利用無料で利用できるのでおすすめです。

パースを使ったオープニングチラシ事例

Ludus
- hair design -
Concept
蒲田にお住まいの方へ
Ludus(ルードゥス)の意味はラテン語で
"気晴らし"という意味です。
経験豊富なスタッフが、お客様と日々の出来事や想いを共有させてもらい、
ライフスタイルに合わせた髪型を一緒に造り、
"気晴らし"できる空間を提供していけたらと思っております。

POINT サロンを開業する前にチラシを作るときに悩むのが掲載写真。
内装業者にパースを作ってもらうことで、
サロンの店内をアピールすることが可能になる！

パースがないサロン向けのイメージ写真を探すには…

商用無料画像サイト

写真AC →http://www.photo-ac.com/
素材写真 足成 →http://www.ashinari.com/

ヘアスタイル画像をお求めの方

サロン集客ナビ（ハイクオリティスタイル写真）
1スタイル　4カット　1万円ぽっきり！
→http://www.shukyaku.jp/highqualityphoto/

05 チラシ制作は1ヶ月以上前に依頼しよう

プランニングから納品までのスケジュール

ここではチラシのプランニングから、納品されるまでのスケジュールをお伝えしましょう。

①チラシの配布エリアを選定する……チラシの配布エリアの選定では、徒歩圏内・自転車圏内・自動車圏内のどのエリアに配布するのかを考えることです。徒歩圏内は店を中心に半径500mの地域です。自転車圏内は1㎞。自動車圏内は3㎞となります。

②チラシを制作する業者を選定する……業者の選定では、必ず相見積もりを取りましょう。また業者によって得意分野が違います。これまでの制作実績を見せてもらい、サロンに合うデザインを作成してくれそうか、で判断しましょう。

③チラシの構成案を作成する……構成案とは、簡単に言うとチラシに何を掲載するかを決めることです。具体的には、「キャッチコピー・コンセプト・メニュー・クーポン・スタッフ紹介文・サロン情報」です。これを1枚の紙にまとめておくことで、業者がスムーズにチラシの制作に入ることができます。

④チラシのデザインを決定する……構成案を業者に渡してから、ほぼ1週間後には1回目のデザイン案が提出されます。そのデザインを見て、サロンに合っているか、構成案で提出した内容がきちんと反映されているかなどをチェックします。その後、修正を依頼し、最終チェックをする流れとなります。

⑤印刷から納品まで……印刷に入る前にチェックしてほしいことが2つあります。ひとつは、紙質の選定。店のイメージで選びましょう。印刷期間は、一般的には1週間かかると考えておいてください。

2つ目は、チラシの内容の再チェックです。とくに確認してほしいのが電話番号です。

納品してほしい日から逆算して、最低1ヶ月前には業者に依頼をすることをおすすめします。

チラシのプランニングから納品まで

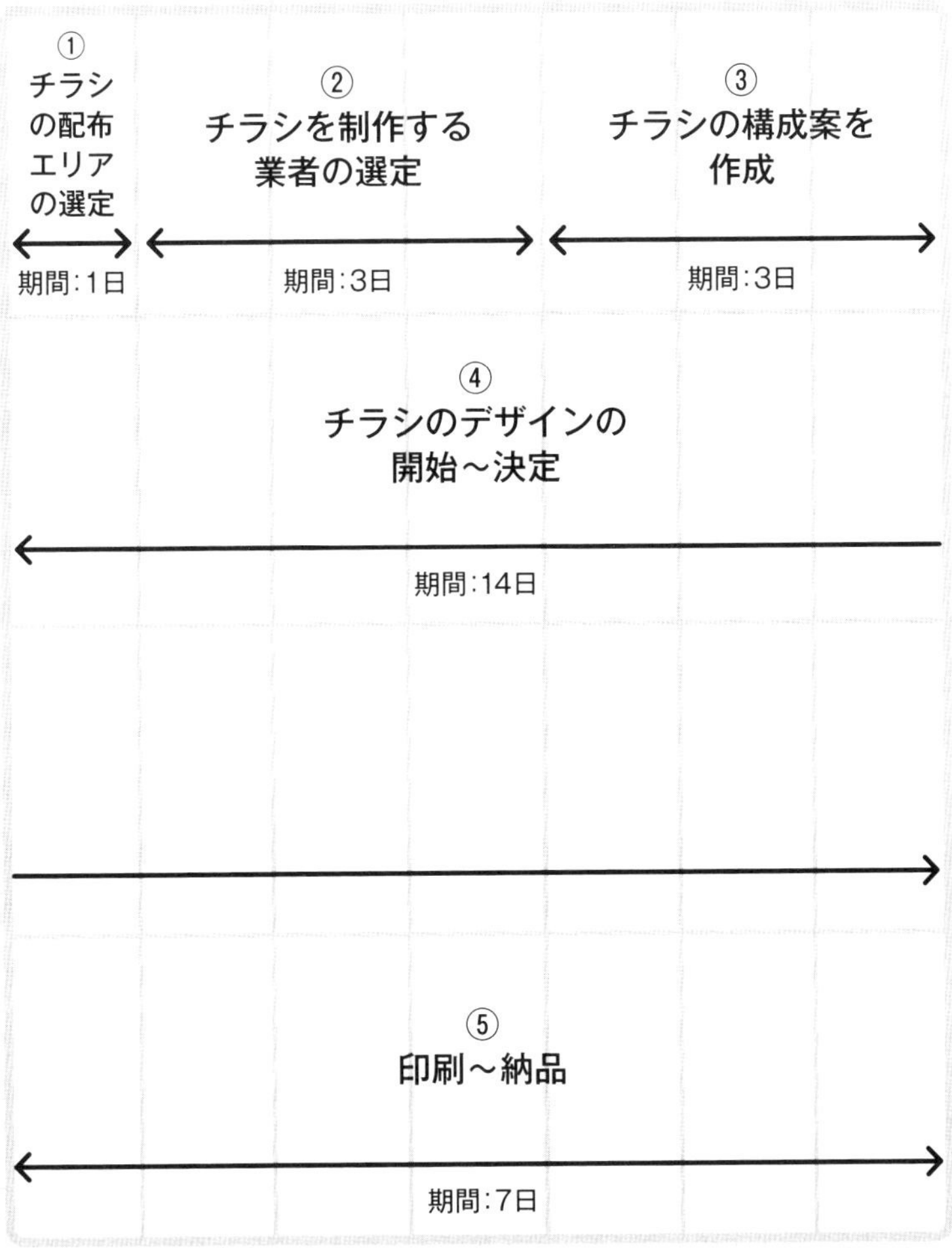

※期間はあくまで目安

06

「当たるチラシ」の紙面構成とは?

表面・中面・裏面に適した内容は?

私が今まで作成してきたチラシの中で、一番当たったチラシを紹介しましょう。左のチラシを見ながら読み進めてください。

①表紙のポイント……どんな美容室かが伝わること。そして、次を見たくなる魅力的なキャッチコピーを載せることです。このチラシでは、「美しく歳を重ねたい…マイナス5歳を実感できる美容室」と伝えています。

②中面上部……中面上部のタイトルで「髪のアンチエイジングに特化した美容室」と伝えています。表紙で伝えたキャッチコピーが、なぜ実現できるのかということを細かく説明。具体的には、2つの悩みである「髪にボリュームがない」「髪に潤いがない」にフォーカスすることで、どんな悩みを解決してくれる美容室なのかが伝わります。

③中面下部……「お得なアンチエイジングメニュー」と掲載。ポイントは、表紙・中面上部でアピールしてきたターゲットに響くメニューの見せ方をしている点にあります。

また、メニューは3つに絞って大きく表示しています。メニューをもっと詳しく知りたい人には、ホームページを見てもらえばいいからです。そこで「あざみ野　オアシスで検索」と誘導しています。

④裏面……はじめての美容室に行くのは、とても不安なものです。そこで、どんなスタッフなのかがわかるように、写真を掲載。こうすることで、お客様の不安を少し解消できます。また、わかりやすい地図や駐車場の場所も掲載します。

そしてお客様が予約したいと思ったときに、すぐに連絡が取れるように、電話番号を大きく目立つように表示することで、ストレスなく予約してもらえるのです。

当たるチラシの構成

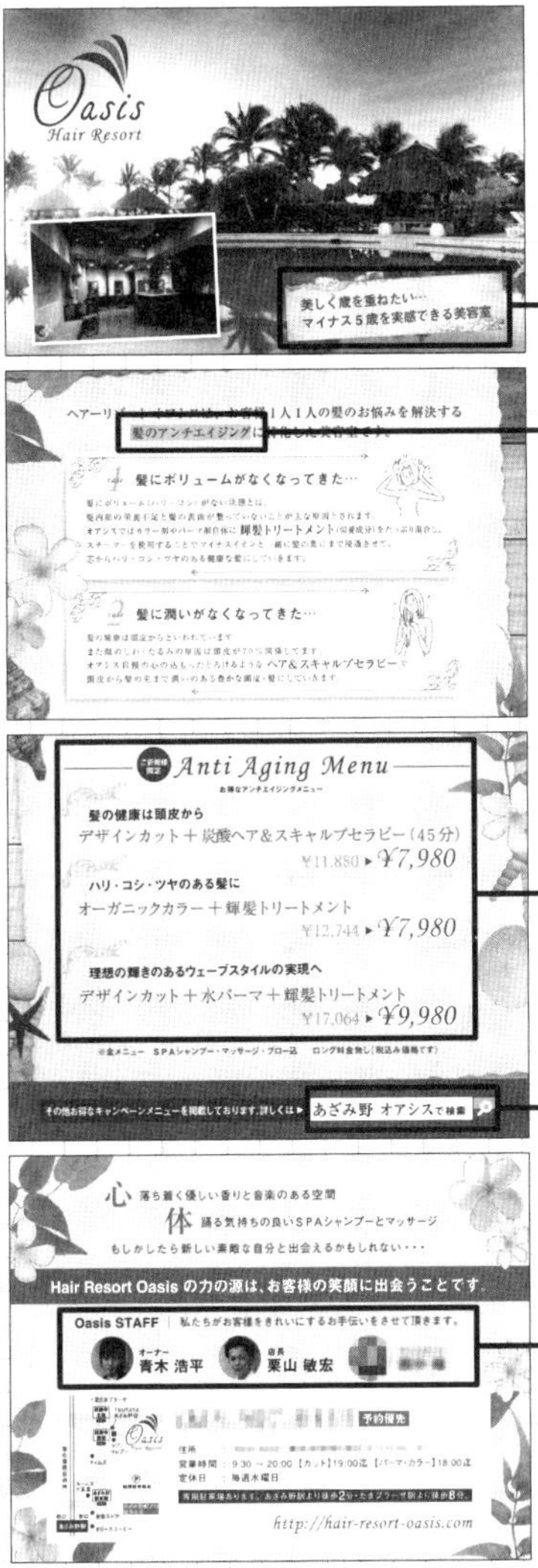

表紙には、
思わず開きたくなる
キャッチコピーを掲載

中面上には
店のウリがわかるように
記載する

中面下には
すべてのメニューを
掲載するのではなく、
上で記載したウリに連動した
メニューに絞って
載せる

忘れてはならないのが、
「○○で検索」としっかり
サロンのホームページに
誘導すること

裏面には、どんなスタッフが
働いているのかがわかるように
スタッフ写真を掲載

地図・駐車場・電話番号といった
サロンの基本情報をしっかり
掲載すること

07 「当たるクーポン」にするための3つの注意点

お客様にストレスを与えないことが大切

チラシを作成する際、来店特典（クーポン）をつけることがよくあります。その場合に、注意したいポイントが3つあります。

①オールメニュー20％オフはやめよう

チラシのクーポンで、「オールメニュー20％オフ」といった掲載のしかたをしているものをよく見かけます。チラシの情報量には限りがあるため、やむをえずの面も確かにあります。しかし、そのような表現では、お客様にストレスを与えてしまうかもしれません。なぜなら、実際いくらなのか、パッと見てわからないためです。一例を紹介しましょう。

「オールメニュー20％オフ」と「顔のしわが気になる方専用のフェイシャル60分　通常1万2000円→キャンペーン価格9600円」とを比較した場合、同じ価格になるにしても、お客様にとってどちらが明確でしょうか？　金額はしっかりと明記することをおすすめします。

②メニュー名をひと工夫しよう

クーポンのメニュー名を見ただけで、どんな効果があるのか？　が伝わるようにしましょう。これも一例を紹介します。

◎フェイシャル60分　1万円

◎アンチエイジング専門。3回で顔のしわが目立たなくなるフェイシャル60分　1万円

後者のように、メニュー名にどんな効果があるのかを記載すると、お客様が自分の悩みを解消してくれるメニューだと理解しやすくなります。

③有効期限を必ず設けよう

有効期限を設けることで、お客様が「その日までに予約しないと」という気持ちになります。逆に、有効期限を設けていないと、いつ行っても安くしてくれる店であると思われかねません。

「当たるクーポン」にするためのポイント

①「オールメニュー○%オフ」はやめよう

お客様がいくら払えばいいか、すぐにわからないため、ストレスになる

②メニュー名だけでどんな効果があるのか、わかるようにする

「トリートメント」だけではなく、「どうなれるトリートメントなのか」
を具体的に記載するのがポイント

③有効期限を必ず設ける

有効期限を設けることで、お客様に限定感を与え、
「クーポンを使わないと損をしてしまう」という気持ちにさせる

38歳のママをターゲットにしたクーポン事例

カット（シャンプー別・ブロー込）

ママ友からの急な誘いもOK!
髪型が、サッとまとまる心地よさ♡

通常 4,200円 ➡ キャンペーン価格 3,360円

カラー ＋ トリートメント（シャンプー込）

出始めの白髪も明るく染まって、マイナス5歳を実現!
旦那様の胸をときめかす艶やかさ☆

通常 6,825円～ ➡ キャンペーン価格 5,460円

パーマ（カット・シャンプー別）

月一回のPTAに、早く行きたくなる。
本来の髪のボリュームを再現!カーラーいらずの快適さ♪

通常 5,250円 ➡ キャンペーン価格 4,200円

ママに関連するキーワード（ママ友、PTA など）を入れてひと工夫

POINT お客様にストレスを与えないようにすることが大事！

08 チラシから予約につなげるためのひと工夫とは？

お客様を思いやる心が何より大切

チラシを見てお客様が取る行動は2つあります。①電話をかける、②パソコン・スマートフォンで検索する。この2つについてポイントを解説します。

①電話をかける……個人サロンオーナーの場合、施術中でお客様からの電話に出られないことがあります。お客様の立場で考えると、せっかく電話したのに、いくら待っても電話に出てもらえないのはストレスになります。

そこで、電話番号の下に注釈を入れることをおすすめします。具体的には、「施術中のため電話に出られない場合があります。留守番電話にメッセージを残していただければ、後ほどこちらからご連絡させていただきます」といった内容です。

いかがでしょうか？　このような注釈があると、お客様も安心します。また最初からサロンの状況を伝えておくと、クレームを回避することにもつながります。

②パソコン・スマートフォンで検索する……チラシに掲載できる情報には限りがあります。そこで、「地域　サロン名で検索」と記載し、ホームページやブログに誘導することがポイントになります。

そのとき、効果測定がしやすいように、他の販促ツール（看板・名刺・メンバーズカード）と違う検索キーワードを使いましょう。

例えば、「サロン名　地域検索」と順番を入れ替えるのです。こうするだけでアクセス解析をしたときに、チラシを見て検索してくれた人が何名いるのか見当がつきます。

また、ホームページやブログのアドレスだけを掲載するのはやめましょう。なぜなら、パソコンやスマートフォンで検索するのが一般的で、わざわざアドレスを直接入力する人は少ないからです。

チラシを見て予約するお客様の行動は2つ

①電話をかける

電話をかけて
留守番電話になる
可能性があるのであれば、
チラシにひと言を添える！

ひと言例

「施術中の場合は、電話に
出られない場合があります。
留守番電話にメッセージを
残していただければ、
後ほどこちらから
おかけ直しいたします」

②パソコン・スマホで検索し、ネットで予約する

チラシには必ず、
「〇〇で検索」と
書いておくこと

チラシ情報以外の
特典があることを
記載しておくと
検索数がアップする

4章

検索エンジンを制するサロンはネット集客を制する

01 ネット集客を成功させるために必要なことは何か？

アナログ媒体とネット媒体を融合

本章の要点は、「検索エンジン（ヤフーやグーグルなど）で上位表示する」ことです。

しかし、やみくもに上位表示しても意味がありません。ネット集客で一番重要なことは、「商圏内のお客様のアクセスを集めるためにはどうしたらいいか」ということです。

それは、アナログ媒体とネット媒体を融合すること。アナログ媒体（看板・チラシ・名刺など）に、「**エリア　○○《店名》で検索**」と記載してネット媒体（ホームページやブログ）に誘導するのです。

これで、サロンのことが気になっている商圏内の人のアクセスが期待できます。

「エリア　業種」での露出度を高めよう

お客様は、サロンを探す際には、「エリア　業種」で検索します。

そのときに、サロンの存在を示すために露出度を高める必要があります。具体的には、リスティング広告枠・地図・SEO・クーポンサイトでの露出度を高めるということです。

これらの露出度が高いと、それだけサロンを探している人の目に触れる機会も増えることになります。つまり、ネット集客を成功させるためには、「エリア　業種」での露出度が高いことが鍵になるというわけです。

その他、「エリア　業種　施術名」や「エリア　業種　悩み」などで検索することも考えられます。

ネット集客を目指すには、お客様がどのようなキーワードから検索するのか、を考えながら、ホームページやブログを作成すること。そして、それらのキーワードで上位表示されることを意識しなくてはいけないということです。

お客様が店を検索するときの行動パターンは2種類ある

注目 → 興味 → **調べる** → 行動 → 共有

店の名前を知っている場合

ベホマ 美容室　検索

●店の存在を知ってくれているお客様

店に関心があるから、直接店の名前で検索し、
店の情報を得ようとする

店の名前を知らない場合

阿佐ヶ谷 美容室　検索

●特定のエリアで店を探している人
＝商圏内のお客様

「住まいのあるエリア＋業種」で検索する傾向が強い

02 検索エンジンで上位表示される3つのポイント

検索エンジン活用の必須事項

ネットで検索してもらうには、必ず押さえてほしいポイントが3つあります。

①検索してもらいたいキーワードを記載すること

お客様が渋谷のネイルサロンを探しているとします。すると、検索エンジンで表示されるホームページやブログには、必ず「渋谷 ネイルサロン」というキーワードが入っていることがわかります。

とくに青い文字で書いてあるタイトル（専門用語）に、「渋谷 ネイルサロン」と記載することが重要なのです。上位表示されないホームページやブログに共通しているのが、タイトルに検索してほしいキーワードが入っていないことです。

②他のサイトから紹介してもらう

他のサイトとは、大きく分けて2つあります。ひとつは、クーポンサイト。「渋谷 ネイルサロン」と検索すると、ネイルサロンを集めて紹介しているサイトがあります。そのようなサイトから紹介してもらうことで、検索エンジンで上位表示される可能性が出てきます。

2つ目は、ソーシャルメディアで拡散してもらうこと。試しに、グーグルかヤフーで「手書き看板」と検索してみてください。すると、私のサイトが表示されます。私のサイトには120以上の「いいね！」が押されています。このように、フェイスブックなどのソーシャルメディアで拡散されると、上位表示されやすくなります。

③長く運用すること

ホームページやブログを立ち上げたのに、検索エンジンでなかなか表示されないと悩んだことはありませんか？　なぜなら、ホームページはすぐには検索に引っかからないからです。長く運用することで、上位表示される可能性が高まります。

検索エンジンでの上位表示に欠かせないポイント

POINT 1 タイトルを28文字以内にする

POINT 2 説明文を100～120文字以内にする

POINT 3 タイトル・説明文には、狙いたいキーワード(駅名・業種・店名)を1回は使う

例

新宿にあるエステサロン○○-xxxx.com

広告 www.xxxx.com▼

新宿にあるエステサロン○○の公式サイトにようこそ。(以下省略)

03

あなたのサロンは何と検索したら表示される？

検索エンジンで簡単に上位表示できる方法

検索エンジンで上位表示されるのは簡単ではない、とお伝えしました。しかし、驚くほど簡単に上位表示される方法があります。

それは、自分で新しい言葉を作ること。つまり「造語」です。試しに、グーグルかヤフーで、「サロン集客ヘルパー」と検索してみてください。すると、「美容室・エステ・ネイル集客の専門家―サロン集客ヘルパー」と表示されます。この「サロン集客ヘルパー」という言葉は、私が考えて作りました。

この言葉の中には、「サロン集客の専門家として知識を習得。ホームヘルパーのようにサロンに直接伺い、フォローをしっかりしたい」という私の想いが込められています。

このように造語を作って発信すると、あなただけの言葉を想いを込めて届けられます。デメリットは、造語なので、自らお客様に知ってもらえるように、常に発信し続けなくてはいけないことです。

「一軒屋 ネイルサロン」と発信した理由

「一軒家まるごと」という特徴のネイルサロンがあります。

一般的に「いっけんや」を漢字で書くと、一軒家・になります。しかし私は、「一軒屋・ネイルサロン」で発信しようと提案しました。

なぜなら、オープンする1週間前に、やっとホームページができ上がったので、「一軒家　ネイルサロン」では上位表示される可能性が低いと考えたためです。そこで、わざと漢字を間違えて発信することで、他にはないサロン独自のキーワードとしました。

その結果、ホームページを公開して1週間もたたないうちに、「一軒屋 ネイルサロン」というキーワードで1位に表示されたのです。

検索エンジンで簡単に上位表示できる方法

ポイントは造語！

・わざと漢字を間違える（本来のものとは違った漢字を使う）
・ひらがなをあえて使う
・言葉を組み合わせて新しい言葉を生み出す

一般的には	→ 一軒家
わざと漢字を間違えると	→ 一軒屋
一般的には	→ ロズマリ
ひらがなをあえて使うと	→ ロズまり
一般的には	→ ネイリスト
新しい言葉	→ ショートネイルクリエイター

POINT 造語はその言葉で検索してもらえるように、
絶えずお客様に伝えていかないと、
いつまでたっても検索してもらえない。
そこで看板・チラシ・名刺などのツールで
しっかり「造語」検索をアピールしていくことが何より大切

04

「美容室・美容院・ヘアサロン」で検索数が多いのはどれか？

タイトルは28文字前後に抑えよう

「新宿　美容室」と検索すると、1位に表示されるタイトルには、「新宿の美容院・美容室・ヘアサロン」と書いてあります。なぜ、美容室だけでなく、美容院やヘアサロンの記載があると思いますか？　それは、「美容院・ヘアサロン」というキーワードで検索してくる人もいるからです。

あなたのホームページやブログのタイトルは美容室というキーワードしか記載していないのではないでしょうか。その場合、せっかく検索してもらうチャンスがあるのに、自分から放棄していることになってしまいます。

できるだけ、「美容室・美容院・ヘアサロン」とすべて記載しましょう。しかし、注意することがあります。それは、28文字前後にタイトルを抑えることです。なぜなら文字数が多くなりすぎると、末尾が「……」と表示されてしまい、どんなサイトなのか伝わりにくくなってしまうからです。

ちなみに、「美容室・美容院・ヘアサロン」というキーワードで、月にどれだけ検索されているかご存じですか？　このことを知っておくだけで、どんなキーワードを狙えばいいのかがわかります。

検索数を知る方法

グーグルかヤフーで、「キーワードプランナー」と検索してください。これは、グーグルが無料で提供しているツールです。キーワードの検索数の目安を確認できます。

試しに、「美容室・美容院・ヘアサロン」を見てみると、美容室4万9500件、美容院9万500件、ヘアサロン9900件でした。月間の検索数でこれだけの開きがあるのです。

ホームページのタイトルで気にしてほしい3つのポイント

❶ 駅名・業種・店名を入れること

❷ 28文字前後にすること

❸ 思わずクリックしたくなること

お客様はどちらのタイトルに引かれるか？

①新宿／美容室・美容院・ヘアサロン／○○（店名）
②新宿で口コミで評判の美容室／○○（店名）

POINT おそらく②と答えるお客様のほうが多いが、
多くのサロンが①のようなタイトルになっている

タイトルにどんなキーワードを入れたらいいか

「キーワードプランナー」で検索すると、
グーグルで検索されているキーワードが手に取るようにわかる！

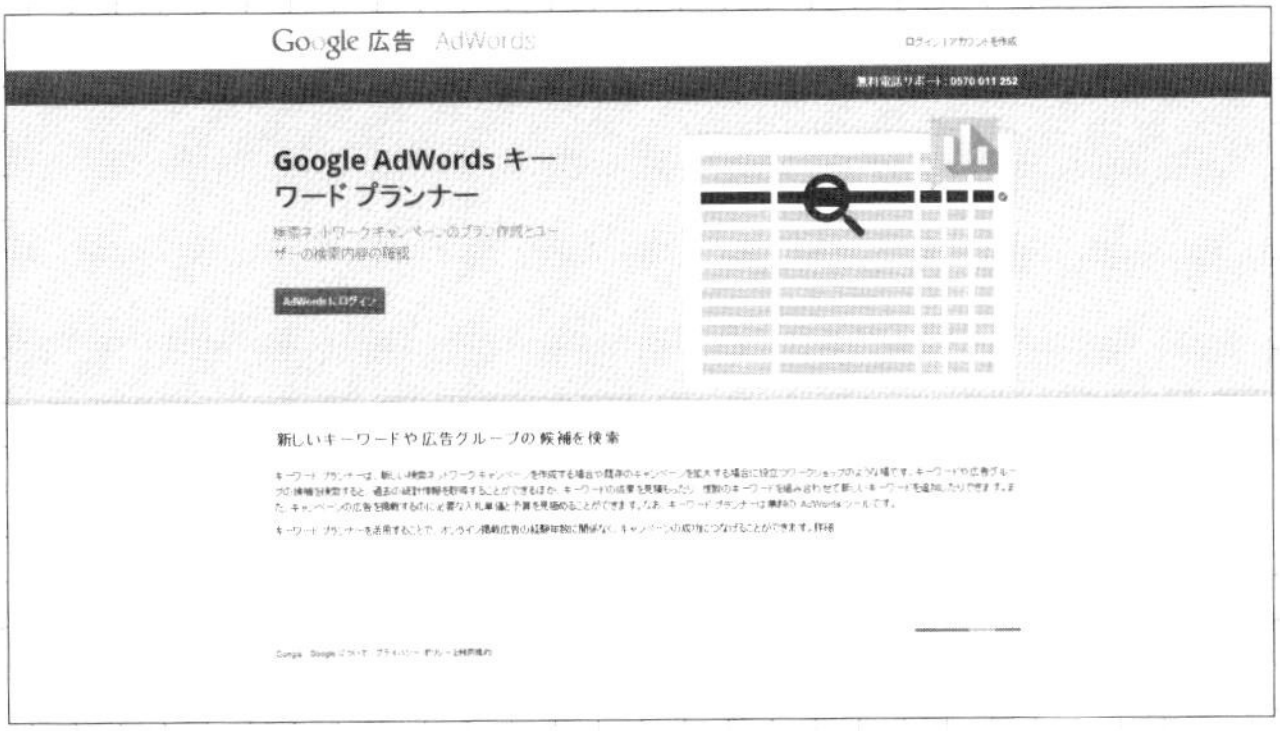

05 口コミサイトで紹介してもらおう

エキテンを活用しよう

サロンにおけるネット集客で、欠かせないサイトをご存じでしょうか？　それはズバリ、口コミサイトです。

口コミサイトをおすすめする理由は2つ。まず、お客様がサロンを探す際に、口コミを参考にするためです。もうひとつは、口コミサイトから来店したお客様は、値引き目当てではないため、リピート客になりやすいのが特徴であることです。

数ある口コミサイトの中で、とくにおすすめしたいのは、「エキテン」です。エキテンは、国内最大級の店舗の口コミ・ランキングサイト。全国の美容室・マッサージ店の口コミ、クーポン、地図情報などを無料で掲載できます。登録すると、ＰＯＰなどの販促ツールをダウンロードできる、サロンにとってうれしいサービスもあります。

ある理容室は、オープンして半年間でお客様の口コミを30件集めました。30件というのは、その地域では圧倒的な一番です。その後、エキテンを見て予約してくる人が毎月30名になりました。今では、新規のお客様をお断りするくらいになっています。

悪い口コミが入ったときはどうするか？

「口コミサイトがいいですよ」と、サロンオーナーに伝えると、「悪い口コミが入ったときはどうするのか？」という質問を受けます。今まで新規集客できていたのに、実際に悪い口コミが入ったため、パタリと客足が止まってしまうケースも稀にあります。

その場合は、該当する口コミの削除依頼をしましょう。しかし、悪い口コミの原因を考えることを忘れてはいけません。悪い口コミがあった場合は、削除する前に、口コミをしてくださった人に誠心誠意のコメントを入れることをおすすめします。

無料で利用できるおすすめ口コミサイト2つ

サロンの「エリア名」と「口コミ」という
キーワードで検索する

↓

各業種に合わせて口コミサイトが表示される

エキテン
http://www.ekiten.jp/

ビットストリート
http://www.bit-st.jp/

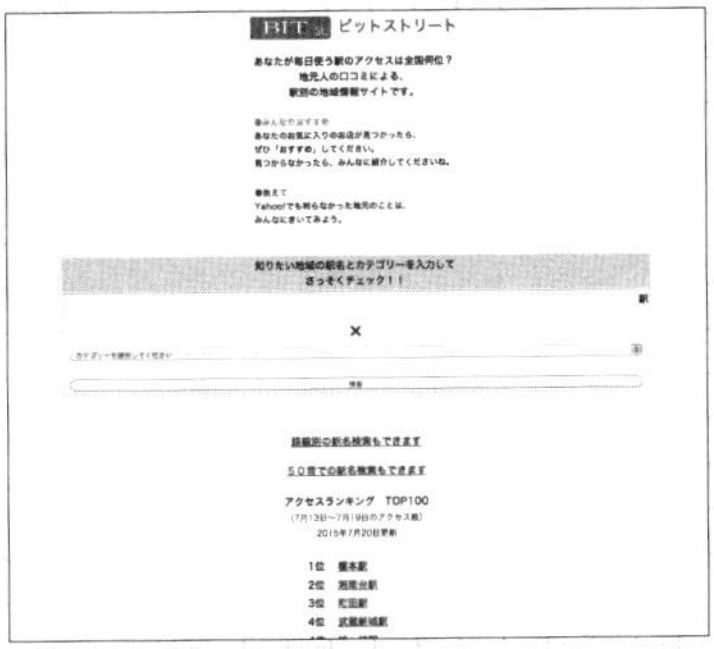

POINT はじめてサロンに行くお客様が高確率で利用する
口コミサイトの露出を増やすことはとても大切！

06

となりのサロンはサイトを何年運用している？

「ハナサキガニ」でチェック

他店のホームページやブログが何年運用されているのか気になったことはありませんか？

そんな思いを解決してくれるサイトがあります。「ハナサキガニ」（http://hanasakigani.jp）というサイトです。

使い方はとても簡単。「競合サイト被リンクチェック」をクリックして、調べたいキーワード・サロンのサイトURL・ヤフー、グーグル、ビーイングからひとつ選択してチェックをクリック。そうすると、1ページ目に表示されているサイトの運用歴が一発でわかります。

運用歴がわかると、その後、どう対処すればいいか悩みます。しかし運用歴など関係なく、自分のサロンのサイトをすぐに検索エンジンの上位に告知する方法をお伝えします。

リスティング広告を活用しよう

リスティング広告をご存じですか？　リスティング広告とは、「渋谷　エステサロン」と検索したときに、一番上と横に広告と書かれて表示されるものを言います。特徴は、ワンクリックで広告費がかかるしくみです。

具体的には、1日の予算を決定します。仮に、1日の予算を1000円として、1ヶ月（30日）とした場合、1ヶ月の広告費は3万円になります。3万円を超えたら、自動で止まるので安心です。

また、検索してほしいキーワードを何個でも設定できます。例えば、「渋谷　エステサロン」「渋谷フェイシャル」「渋谷　痩身」など、関連するキーワードに応じてサイトを表示できるのです。そして表示するだけでは広告費が発生しないため、サロンの認知度を高める効果も期待できます。

サイト運用歴は関係ない！ リスティング広告の活用

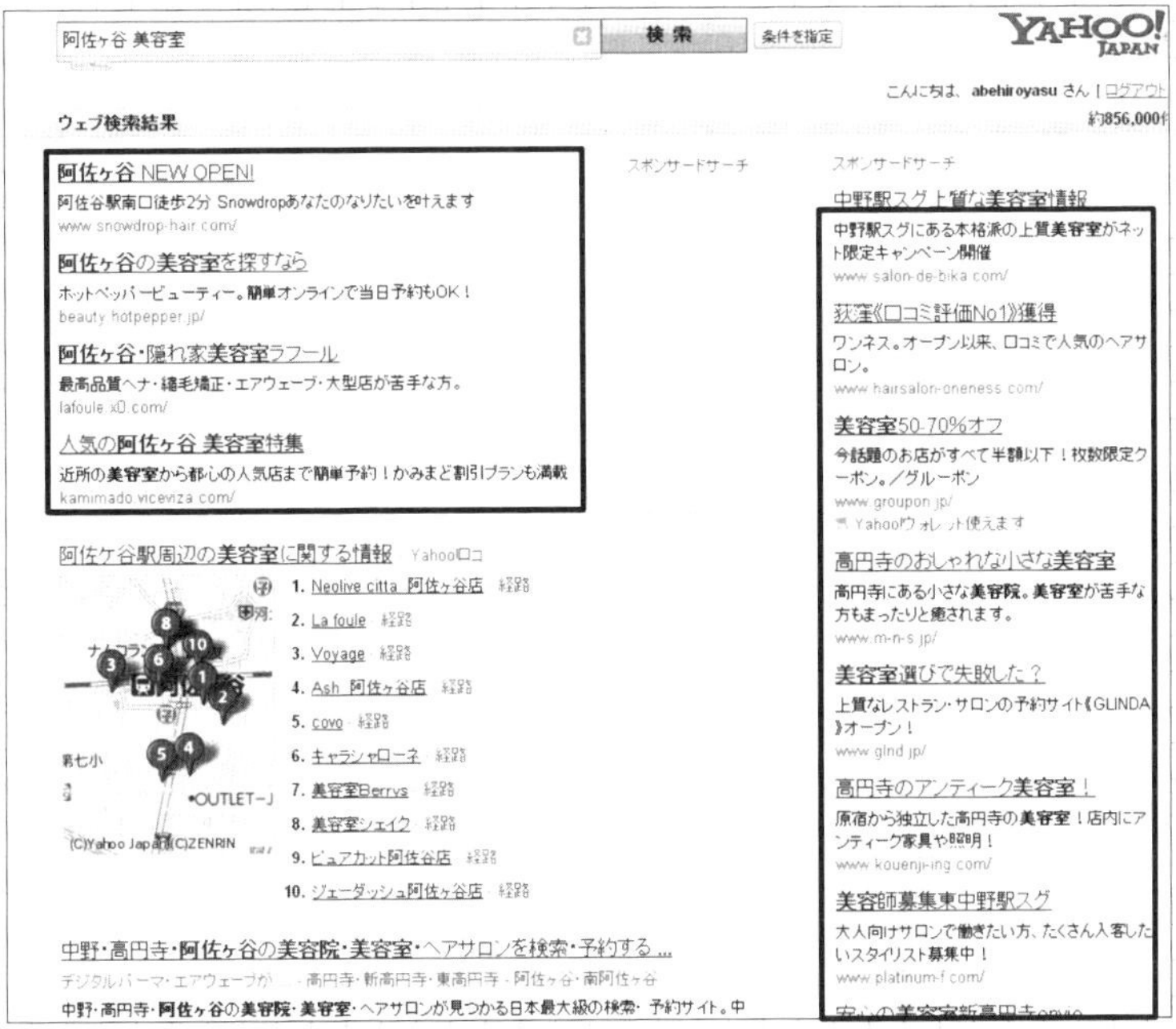

POINT 線で囲ってあるのがリスティング広告。
広告費はかかるが、検索エンジンでの上位表示ができることが最大の特徴でありメリット

※広告費の相場はエリア・業種によって異なる

5章

ブログから誰でも簡単に集客できるコツ

01 ブログから集客するために押さえるべき3つのポイント

記事数・人柄・専門性が大事

ブログからの集客を考えるとき、重要なことが3点あります。具体的に説明しましょう。

①記事数……ブログを書くと、検索エンジンに溜まっていくのをご存じでしょうか？　試しにグーグルで「site://abehiroyasu.com」と検索してみてください。すると左側に、記事件数が表示されます。左ページの例では、９８７件の記事がグーグルの検索エンジンに溜まっています。

ブログの記事を書けば書くほど検索エンジンに溜まるので、それだけお客様の目にふれる機会が増えます。集客に結びつかないと悩んでいる人は、記事数が不足しているのではないでしょうか？

②人柄を伝える……夫婦で営んでいるある美容室では、ブログに家族写真（夫婦と娘1歳）を掲載したところ、その記事を見て予約が入ったそうです。お客様は、自分にも同じ年頃の子供がいるので、「話が合うかな」と思って予約したのでした。

このように、お客様はブログを見て自分との共通点を探す傾向にあります。そのブログから、発信している美容師の人柄を見ているのです。

③サロンの専門性を発信する……サロンのブログで、食事をした様子や旅行に行ったことなど、プライベートの記事ばかりのものを見かけることがあります。サロンがそうしたことを発信しても集客にはつながらないでしょう。なぜならお客様は、ブログを見て、悩みや不安を解消してくれるサロンかどうかを気にしているからです。

「くせ毛きれいサポート」の検索トップにくる美容室は、くせ毛の悩みを解決することを中心に、イラストを使いながら発信しています。一貫したテーマを発信することで、くせ毛に悩んでいるお客様が来店してくれるのです。

ブログから集客するための3つのポイント

「site:http://××××(ドメイン名)」
を入力

1
記事数を増やす

ブログ記事が、
グーグルに何件
蓄積しているか
確認する

2
人柄

ブログを通じて、
どんな人柄なのかをイメージ
できるような発信を心がける

3
専門性

お客様にとって有益な
情報を発信することが
ポイント

02 月0名から10名に レディースシェービングのお客様が

認知→詳細→予約

今回の理容室の例は、つまり、お客様の「認知不足」が原因だったのです。

しかし、認知されれば集客できるというわけではありません。どんなレディースシェービングをするのかが伝わらないと意味がありません。

具体的には、まず、「レディースシェービングをする場所は個室なのか」「カーテンで仕切っているだけなのか」という施術空間を伝えること。そして、どんな施術者が施術をするのかという情報を詳細に伝えることが重要なのです。

さらに、お客様が予約をしたいと思ったときに、電話番号やネット予約のしかたがすぐにわかるようにすること。そうすることで、お客様は安心して予約をしてくれるようになります。

ブログのタイトルを変えた効果

理容室のオーナーから、「レディースシェービングのお客様を増やしたい」と相談を受けました。レディースシェービング用の個室を完備しているので、何とかして集客したいと考えていました。

私は検索エンジンに、「エリア レディースシェービング」と入力し、検索。すると、この地域でのサロンの情報が出てこなかったのです。

この点が、集客できない一番の原因ではないかと仮説を立てました。そこで、実施したことはたったひとつです。ブログのタイトルに「レディースシェービング」というキーワードを追加。タイトルを変えた途端に1件の予約が入りました。

その後、月にゼロだったレディースシェービングのお客様が、毎月10名ほどコンスタントに集客できるようになったのです。

ブログから集客する3つのステップ

ステップ❶ お客様に認知してもらう

- SEO対策をする
- 「エリア　業種」で
  上位表示を狙う
- とくにブログのタイトルに、
  狙いたいキーワードを
  盛り込む

本八幡でメンズカットが評判のヘアサロン・理容室 | 1Q3
1q3.info/ ▾
「ようやく見つかった～」・「安心できるね～」と本八幡で評判のメンズヘアサロン・理容室・床屋「1Q3」193ではありません。当店は仕事帰りに立ち寄れる平日23時まで営業。しっかりとくつろげる一席のみの完全マンツーマンプライベートサロンです。

ステップ❷ お客様の求めている情報を詳細に伝える

- ブログの内容に気を配る
- お客様が検索したときに、
  知りたい情報が書いてあることが
  ポイント
- とくに、カテゴリー分けを
  しっかりする

カテゴリー

講習＆会合 (2)
Todays 1Q3 (121)
店舗情報 (12)
ラーメン＆グルメ (14)
スタイリング・ケア方法 (1)
1Q3プライベート (9)
開業前日記 (2)

ステップ❸ すぐに予約できるような配慮をする

- ブログ記事の末尾に電話番号と
  ネット予約へのリンクを毎回必ず
  記載する

↓ご予約＆ご相談↓

(予約優先)
（お気軽にお電話下さい♬）

03 思わずクリックしたくなる記事タイトルとは？

数字が入らないか考えよう

次のどちらのタイトルの記事をクリックしたくなりますか？

①アンチエイジングに特化したフェイシャルとは？
②マイナス5歳を実現できるフェイシャルとは？

おそらく、②と答える人が多いのではないでしょうか。

①は、「アンチエイジングに特化」と伝えていますが、どのようなアンチエイジングなのかわかりません。しかし②では、具体的に数字で「マイナス5歳」と表現していることで具体性が増しています。

このように「数字」が入ると、お客様はイメージしやすくなり、興味を持ってもらえます。

メリットを伝えよう

次は、どちらをクリックしたくなりますか？

①ヒアルロン酸配合のヘアカラーとは？
②指どおりが滑らかで傷みにくいヒアルロン酸配合のヘアカラーとは？

圧倒的に②と答える人が多いでしょう。

①のケースは、ヒアルロン酸配合と成分を伝えています。片や②は、その成分で「指どおりが滑らかで傷みにくい」というメリットを伝えています。

事実を伝えるだけではダメ

では次は、どちらをクリックしたくなりますか？

①お客様ネイル
②2015年流行のお客様ネイル

もちろん、②ですよね。

①のように事実をそのまま表わしたタイトルを見かけますが、引っかかりがなく興味をそそりません。2015年と「いつの」というキーワードを入れることでクリックされやすくなります。

思わずクリックしたくなる記事タイトル3つのポイント

POINT 1
「具体性を表わす数字が入らないか」を考えよう

POINT 2
サロンに行くことで、あるいはその商品を使うことで「どうなれるのか」、お客様のメリットを盛り込もう

POINT 3
事実をそのまま伝えるだけではお客様は関心を持ってくれない

POINT
・お客様は、まずブログの記事のタイトルを見て
読もうかどうか判断する
そのため、タイトルにこだわることはとても重要

・できればブログのタイトルは、
記事を書いた後に考えること。
記事を書き終えた後のほうがいいタイトルが浮かびやすい

04

ブログの記事ネタを考えるときにおすすめの方法とは？

「Yahoo!知恵袋」を利用しよう

ブログのネタが思い浮かばない……という声をよく耳にします。その際におすすめしたいのが、「Yahoo!知恵袋」です。「Yahoo!知恵袋」は、Q&Aサイトです。つまり、お客様が知りたがっている情報が手に取るようにわかるのです。

試しに「ネイルデザイン」と「Yahoo!知恵袋」で検索してみてください。すると、「ネイルのデザイン、みなさんどうやって決めますか」「ネイルのデザインで大人っぽいネイルの色使いを教えてください」など、お客様が知りたがっている情報が掲載されています。その内容をひとつひとつ自分のブログに投稿することをおすすめします。

同業者のブログを参考にしよう

あなたには、毎日見ているブログはありますか？

私は、10以上の同業者ブログを毎日見ています。その中で、参考になったブログ記事を、情報が蓄積できる「evernote」にクリップしています。そうすることで、自分がどんな内容に興味を持ったのかがわかります。そして、その興味を持った内容を引用したり、自分の言葉に変換してブログの投稿ネタにしているのです。

同業者のブログは、同じターゲットのお客様に向けて書いているブログです。そのブログを参考にすることは、充実したブログにする、はじめの第一歩としておすすめのやり方です。

注意点としては、同業者の記事をそのまますべてコピーして、自分のブログ記事にすることは厳禁です。このようなことをしてしまうと、著作権侵害となり、最悪の場合、訴えられてしまいます。

同業者のブログを引用する場合は、引用元のURLをきちんと記載しましょう。

ブログの記事ネタを考える際におすすめ！

❶「Yahoo！知恵袋」で、
お客様がどんな悩みを抱えているのかを調べる

http://chiebukuro.yahoo.co.jp/

❷「Yahoo！知恵袋」で見つかったお客様の悩みを
メモ帳に箇条書きする

〈エステサロンに対する悩み〉

・エステサロンでのマナーについて
・エステサロンの勧誘を回避する方法
・短期間に結果の出る痩身法とは？
・エステの商品をキャンセルしたい

⋮

❸ 箇条書きされたお客様の悩みをひとつひとつ解決する
ブログ記事を発信する。

05 お客様が読みたくなる記事の内容とは？

「サロン集客ヘルパー」が生まれた経緯

2010年3月当時、私は社内のブログ担当者に任命されました。それまでブログを書いたことなどなく、何を書けばいいのかわかりませんでした。

当時、私が投稿していた記事は、会社のブログであるにもかかわらず、独り暮らしをしていたので「男飯」と題して、私自身の朝ごはんを連載するようなお粗末なものでした。

そんなある日、会社の代表から、「誰のためにブログを書いているんだ！　こんなものがサロンの役に立つのか！」と強烈なダメ出しを受けました。当時の私は「ブログ＝日記」と捉え、プライベートの記事ばかりを投稿していたのです。

そこで私は、「これではいけない！」と考え、サロンオーナーと商談した内容や、そのときの質問を中心にブログを書くようになりました。方向転換したおかげで、今では多くのサロンオーナーから問い合わせをもらえます。

サロンのブログはどんな内容にすればいい？

多くのサロンのブログを見ていると、昔の私のように、プライベートのことばかりを投稿しているケースがよくあります。

プライベートの記事がいけないということではありません。しかし、それだけでは不十分なのです。

具体的に言うと、「お客様から受けた質問」をテーマにブログを書くことをおすすめします。なぜなら、お客様が質問をするということは、悩みや興味があるからです。他の人も、同じような悩みや興味を持っていると考えられます。

お客様から受けた質問をテーマに発信することで、あなたのブログは今よりも格段に「読まれるブログ」に成長できます。

お客様が知りたい情報をストックしよう

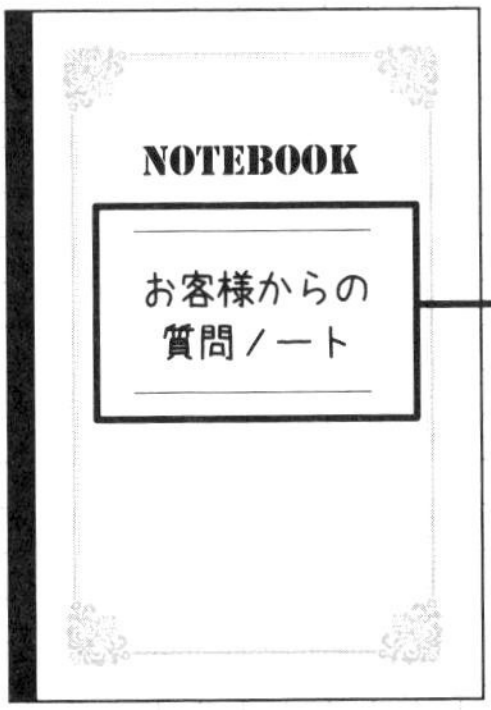

タイトルに「お客様からの質問ノート」と記載してお客様から得た情報を記録しておこう

あなたは、毎日お客様と接する中で、
どんな質問を受けているでしょうか？
その質問に対するあなたの答えに満足したとき、
お客様は笑顔になっているのではないでしょうか？

お客様ノートを作る意味

「お客様からの質問」というのは、
他のお客様も知りたいと思っている大切な情報！
そこでお客様からの質問を記録しておけば、
多くのお客様の潜在的な要望を掘り起こすことができる

お客様ノートのメリット

「お客様ノート」で溜まっていく情報は、
サロンにとってかけがえのない財産になる
さらにスタッフ同士で共有することで、
スタッフ間のコミュニケーションアップにもつながる

06 ブログで紹介するプロフィールの極意とは？

お客様に聞いてみよう

ブログに掲載されているサロンオーナーやスタッフのプロフィールを見ても、「人柄」や「想い」が伝わってこないことがよくあります。

プロフィールを作成するときには、サロンに来てほしいお客様が、あなたのプロフィールを見て、「予約したい」と思える内容になっているか意識しましょう。

既存のお客様に、「予約したいと思えるか」とダイレクトに聞いてみることをおすすめします。

プロフィール作成の2つのポイント

①ストーリーを意識する……あなたがどんな経緯で今の職種につくようになったのか、を伝えましょう。理容室の例であれば、「高校卒業後、父親の『ハサミと櫛で飯を食うのか。頑張れよ！』という言葉がきっかけで理容師になりました」。こんな文章で、どんな状況かイメージが伝わります。

このように、体験談を元にストーリーを組むと、応援したくなるプロフィールになります。

②失敗談を盛り込む……このポイントを一番意識してほしいのです。プロフィールにいいことばかりが書いてあっても、お客様は魅力を感じません。

あるセラピストは、自分が20代のころは太っているのがコンプレックスで、エステに700万円つぎ込んだ経験を赤裸々に告白。「しかし、そんな大金をつぎ込んでも思ったような結果は得られなかった。それであれば、この経験を活かして同じ悩みを持った人を助けたい！　という思いでやっている」と書いたのです。

こんなプロフィールを見たら、思わず共感してしまうのではないでしょうか。

予約したくなるプロフィールの極意

ポイントはあなたの過去・現在・未来をストーリーで伝え、身近に感じてもらい、お客様に予約したいと思ってもらうこと！

①なぜ、技術者になろうと思ったのか？

POINT 体験談をしっかり盛り込むこと

↓

②どんな技術者になりたいと思っているのか？

POINT お客様の役に立ちたいという点を伝える

↓

③過去の失敗談はないか？

POINT 失敗談を語ることでプロフィールに真実味が増す

↓

④目標は何か？

POINT どんなことを成し遂げたいと思っているのかを伝える

※具体例は→http://1q3.info/?page_id=26

07

ブログに潜む2つの弱点とは？

更新するのがおっくう

ブログについての不満として、「更新するのが面倒くさい」ということがあります。その原因としては、「時間がない」という声が非常に多くあります。しかし、本当に時間がないのでしょうか？

時間は自ら作るものです。それに、あなたの手元には、「スマートフォン」があるでしょう。通勤途中や休憩時間の合間を利用することで、時間が作れるのではないでしょうか？

書くネタがない

サロンからの声で次に多いのが、「何を書けばいいのかわからない」ということです。その原因は、「ブログを仕事と捉えていない」ことです。

あなたは、どんな技術を持っているのでしょうか？　その情報はあなたがお客様に伝えようとしないと伝わらないのです。ネタがないと嘆いている人は、どんなブログにするか決めてないことがほとんどです。

ブログを書く際には、まず、おおまかにカテゴリーを決めましょう。「例えばこんなこと」という事例を4つお伝えしましょう。

①はじめてのお客様へ……ブログをはじめて見てくれた人に、どんな内容を発信しているか伝える。

②迷わないための道順……新規のお客様は、店の場所を知らないもの。そこで、店の場所を伝えてあげることはとても重要です。

③お客様の声……新規のお客様は、どんなお客様が通っている店なのか知りたいもの。既存のお客様を見せてあげることで、安心感を伝えられます。

④ビフォーアフター……お客様の来店前・来店後を撮影して掲載することで、お客様自身がどのようになれるのかが伝わります。

書くネタに困らない方法とは？

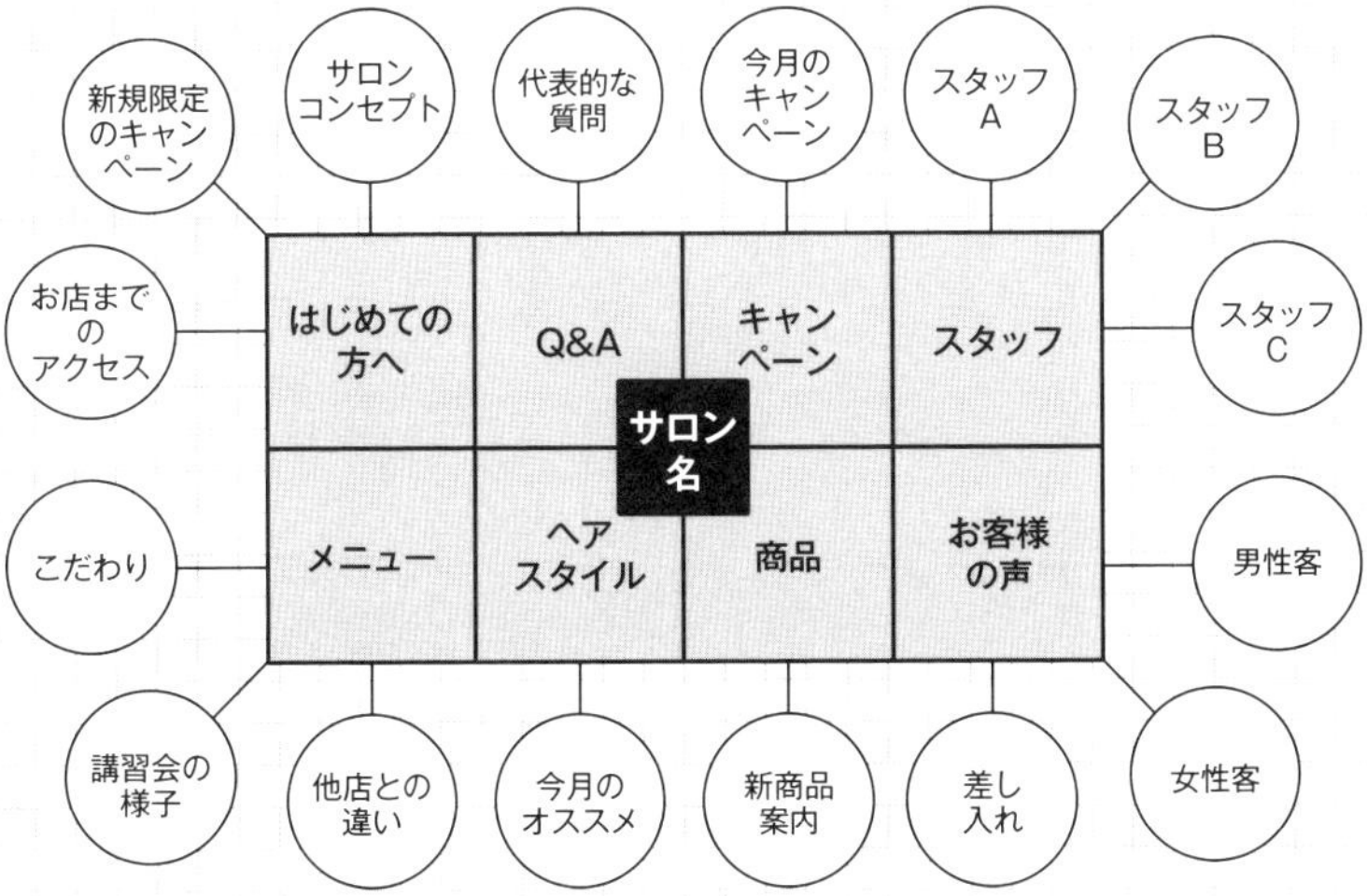

①真ん中にサロン名を書く
②まわりの四角に、書きたいカテゴリーを書く
③各カテゴリーにどんな記事を書くかを記す

POINT ある記事テーマをいろいろな視点から使いまわすこともおすすめ

例　記事テーマ「ヘアケアの講習会」

①講習会の様子を知らせる
②講習会のモデルのビフォーを掲載する
③講習会のモデルのアフターを掲載する
④講習会のモデルのビフォーアフターを紹介する
⑤講習会で導入することになったメニューを紹介する
⑥導入メニューを勉強しているスタッフの様子を載せる
⑦メニューを受けたお客様の声を紹介する

「ヘアケアの講習会」という記事テーマから、ブログ記事を7つ書くことができる

08

ブログのファンを作る仕掛けとは？

フェイスブックとメルマガを活用しよう

私が実際に行なっている、ブログのファン獲得法をお伝えしましょう。

①フェイスブックでつながる……私は、ブログ記事の最後に、「フェイスブックで繋がりましょう」と記載しています。ただし、美容師・エステティシャン・ネイリストの人限定です。

そして、フェイスブックでつながることで、「毎日あなたのニュースフィードにブログ記事を届ける」と伝えています。

②メルマガ登録を促す……メルマガに登録すると、サロン集客に関する資料をダウンロードできるようにしています。

さらに、登録していただいたメールアドレスに、ブログ記事を更新するごとに、記事の内容が送られるしくみになっています。

サロンに置き換えると……

お客様にブログを見てもらえれば、サロンの空気を伝えることができます。「会えない時間を共有する」ことで忘れられないようにすることが重要です。

具体的にお客様にブログを見てもらうには、

◎店内POPに「◯◯で検索」と記載して、ブログを書いていることをアピールする

◎お客様に名刺を渡す際に、口頭で「◯◯で検索していただくとブログを見ることができるので、よかったらご覧ください」と伝える

◎お客様の自宅に送るDMやニュースレターにも同様に「◯◯で検索」と記載してブログに誘導する

このように、来店してくださったお客様にブログを書いていることを常に伝えることが大切です。そして、お客様のためのブログにすることで、店のファンになってもらえるのです。

ブログという媒体でサロンを見てもらう仕掛け

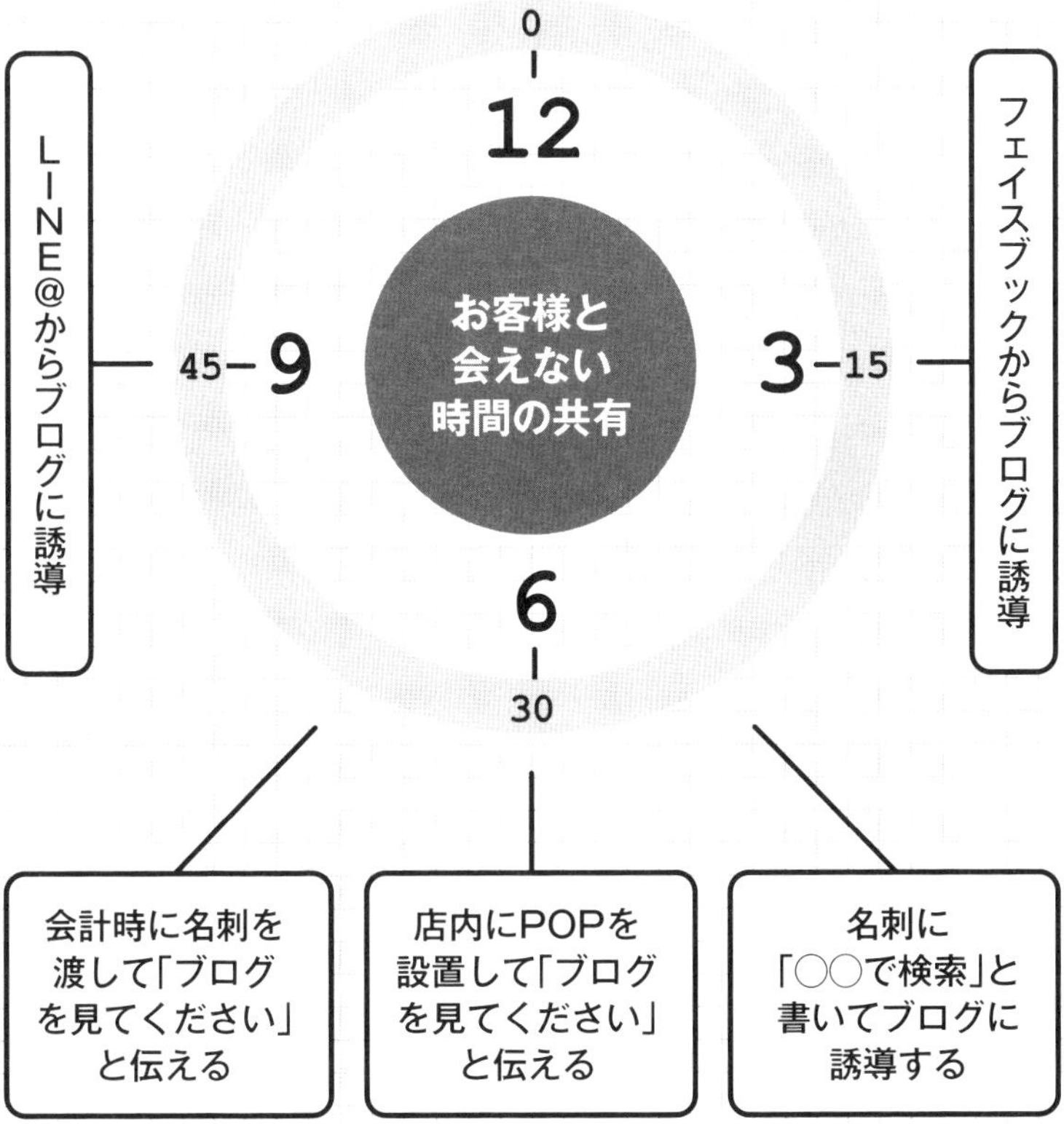

0
12
LINE@からブログに誘導
45
9
お客様と会えない時間の共有
3
15
フェイスブックからブログに誘導
6
30
会計時に名刺を渡して「ブログを見てください」と伝える
店内にPOPを設置して「ブログを見てください」と伝える
名刺に「○○で検索」と書いてブログに誘導する

POINT ポイントは、お客様が来店していない時間に、
どれだけサロンのことを気にしてもらえるか？　ということ

09

50％の店ができていない！お客様を予約につなげる2つのこと

「電話番号・ネット予約」の書き方

ブログ記事の末尾がとても重要であることをご存じでしょうか？

ブログを見てくれた新規のお客様が、あなたのサロンを予約したいと思ったとします。その際、お客様はどのような行動を取ると思いますか？

①電話をかける

②ネットで予約する

この2つのいずれかの行動を取ります。

しかし、サロンのブログ記事を見ると、①も②も書いていないブログが多いのです。それではブログから集客につながらないのも無理はありません。

ワンクリックでつながるか

もう少し、具体的に説明してみましょう。

電話番号も、ただ掲載してあればいいというわけではありません。すぐ確かめていただきたいことがあります。スマートフォンであなたのブログ記事を見てください。そこに掲載してある電話番号をクリックしたら、すぐに電話がかかるようになっているでしょうか。

もし、スマートフォンでブログを見て予約しようとしても、ワンクリックでつながらなければ、お客様はわざわざ電話番号をコピーするか、紙に書いて電話をしなくてはなりせん。

そのような手間がかかってしまうと、予約の機会を逃してしまいます。

ネット予約に誘導する際も同様です。ワンクリックでネット予約に誘導できるようになっているかどうか確認してください。

電話とネット予約について以上の注意をすることで、ブログから集客できるようになります。

予約につなげるためのポイント

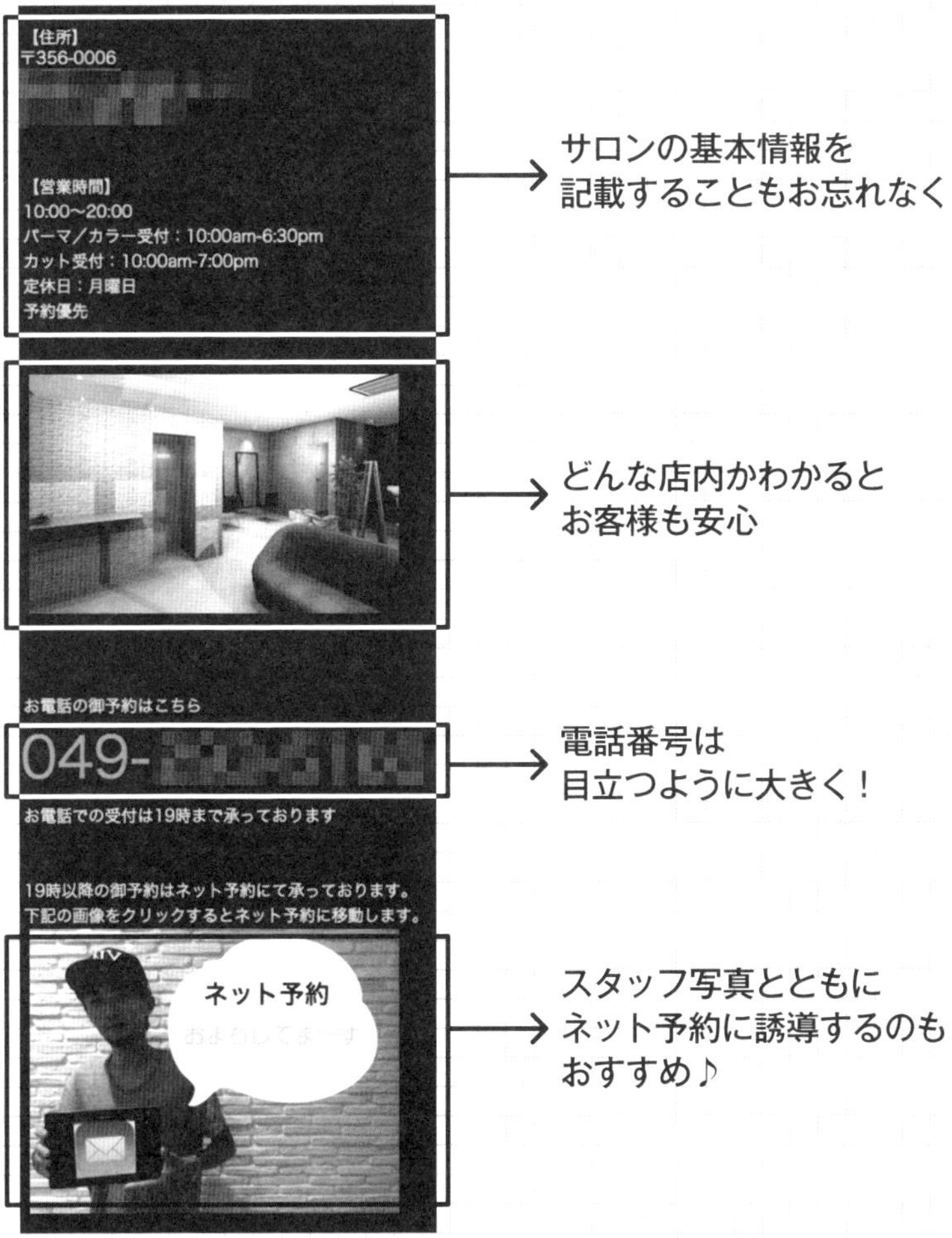

POINT ブログの末尾に、電話番号とネット予約を必ず記載しよう

参照：上福岡ヘアデザインニッチのブログ
http://ameblo.jp/juve10de/entry-11993250862.html

6章

予約につながるホームページを作ろう

01 なぜ、サロンにとってホームページが必要なのか？

サロンにホームページが必要な3つの理由

ホームページは、24時間365日働く営業マンの役割をはたします。営業時間外や定休日でも、お客様がどんな店なのかを知ることができるのが、最大の特徴です。

とくにサロンにとってホームページが必要である理由としては、以下の3点があります。具体的に説明していきましょう。

①お客様からの信頼を得るため

ホームページを持つと、「○○.com」や「○○.jp」などといったホームページアドレスを持つことになります。専門用語では、これを独自ドメインと言います。

この、独自のドメインを取得することで、お客様はサロンがきちんとホームページを持っているとわかって安心し、信頼を得ることができるのです。

②すべてのツールで最終的にたどり着く到着点としての役割を担うため

看板やチラシなどのアナログツールからブログに誘導し、さらに最終的にホームページにたどり着くケースがあります。

このように、すべてのツールの到着点として、お客様にサロンの情報を十分に伝えるのがホームページなのです。

③お客様の予約の刈り取りをしっかり行なうことができるため

ホームページの役割は、ズバリ、予約の刈り取りです。

②でも述べたように、いろいろなツールによってお客様が最終的にたどり着くのがホームページです。そのときに、予約につなげることができるかどうかが、ホームページの最大の役割となるのです。

サロンにホームページが必要な3つの理由

1 お客様の信頼獲得

「○○.jp」や「○○.com」などの
独自ドメインを取得すると
お客様に安心感を与えられる。

無料で利用できるブログは、
運営者の所有物となり
サロンのものとは言えない

2 店の宣伝ツールで最終的にはホームページにたどり着く

ホームページは、
いわば店の顔。
いろいろなツールを見たお客様は
最終的にホームページに
たどり着くケースが多い

3 予約の刈り取りが最終目的

最終的にホームページに
たどり着いたお客様の
予約を刈り取るのが最大の役割。

そのため予約したいと思ったときに
すぐにサロンにつながるように
しておくことが何よりも大切

02 ホームページ制作業者を見極めるポイントとは？

「こんなはずじゃなかった」と後悔する前に

ここでは、信頼できるホームページ制作業者を見極めるポイントについて説明しましょう。

①ホームページの契約内容……業者との契約は、「リース契約」「初期費用＋月額費用契約」「初期費用のみ」「月額費用契約」など、大きく分けて４つあります。

この中で、おすすめできない契約がひとつあります。それは、リース契約です。なぜなら、リース契約は大抵５年契約となります。５年間は解約できないため、時代の流れに乗り遅れてしまう可能性が高いためです。

②制作実績数……サロンの場合、サロン業界特有の知識や経験が必要です。美容室のホームページの場合は、ヘアスタイルページが肝となります。その「見せ方」「どうやって集客につなげたらいいいか」などは、制作実績数が多くないと、いい提案ができません。ヘアスタイルをクリックして画像が大きく表示されるもの（ポップアップ）は、検索エンジンにヘアスタイルが蓄積されないのでおすすめできません。

③SEO対策……ホームページを所有すると、誰もが検索エンジンに上位表示したいものです。どうしたら上位に表示できるのかをきちんと説明してくれる業者を選択しましょう。

④これまでの解約件数……制作会社に解約件数を尋ねてみましょう。解約数が多いということは、ホームページのデザインやアフターフォローなど、何らかに問題があるのかもしれません。

⑤ドメインの継続……ホームページを解約するときには、今使っているドメインを継続できるかどうか、業者に確認しましょう。なぜなら、ドメインを新しくしてしまうと、また一からのスタートになってしまうためです。

ホームページ制作業者を見極める5つのポイント

1. ホームページの契約内容を慎重に
しっかり確認しよう

2. 制作実績数、および制作した
ホームページのデザインが、
サロンに合いそうか確認しよう

3. SEO対策について確認しよう
ホームページを所有しても、
集客につながらないと意味がない

4. これまでの解約件数について、
いいことだけでなく悪いことも伝えてくれるか、
確認しよう

5. 解約は業者の責任ではないこともあるが、
解約するときはドメインを継続できるか
どうか確認しよう

03 集客できるホームページの一番のポイントとは？

自分で更新できるようになっているか

ホームページを更新するのは、専門的な知識がないとできないと思っていませんか？　ホームページは自分で更新できる仕様にすることもできるのです。ホームページの内容を自分で更新できるシステムをCMSと言います。では、自分で更新できることのメリットをお伝えしましょう。

ホームページの内容を更新したいと思ったとき、従来は、制作業者に依頼しなければなりませんでした。しかし、CMSで作られていれば、自分で更新できるためタイムリーな情報発信が可能になります。集客できるホームページとは、常に最新の情報を発信できているホームページのことなのです。

育つホームページになっているか

5章では、ブログの重要性をお伝えしました。ブログと言うと、無料ブログをイメージすると思います。しかしそのブログでは、ホームページが検索エンジンで上位表示されることにつながらないことをご存じでしょうか？

私が推薦する仕様は、ホームページの内部にブログを構築することです。これもCMSを使いますが（ワードプレスなど）。ホームページ内にブログがあると、ブログの記事を更新するごとに、ホームページが1ページ増えます。ブログを書けば書くほど、ページ数が増えるのです。

その結果、検索エンジン（ヤフーやグーグル）に、ホームページの各ページが蓄積されていくことで、お客様がいろいろなキーワードで検索したときに、ホームページがヒットする確率が上がるのです。

ホームページは、いわば「自社メディア」です。自社メディアが育てば育つほど、集客に有利になるということです。

集客できるホームページのポイント

自分で更新できるホームページにする

・最新情報を発信できる

・更新することでホームページが活性化され、検索エンジンで上位表示される可能性がアップする

ホームページ内にブログを設置する

・ブログの記事を更新すると、ホームページが1ページ増える。ホームページのページ数が増えると、必然的に検索エンジンでヒットしやすくなる

・したがってお客様がいろいろなキーワードで検索したときにそのキーワードでヒットする可能性が高まる！

集客できるホームページ事例

オリジナルデザインで作成。全ページ、お店で更新できるようになっている

http://www.amie-afloat.com/

04 ホームページを作る際に押さえるべきポイントとは？

ホームページを作成する3つの方法

ホームページを作ろうと考えたときには、大きく分けて、次の3つの方法があります。

①自分でホームページを作る

自分でホームページを作るメリットは、とにかく低コストでできることです。代表的なサービスとしては、Jimdo や wix があります。これらを利用すると、無料で簡単にホームページを作成できます。

しかし、自分で作る場合は、作成する手間・時間がかかります。また、「集客に結びつけるためにはどうしたらいいのか」などの悩みに、サポートしてくれる人がいないというデメリットもあります。

②テンプレートホームページを利用する

テンプレートのホームページとは、デザインが決まっているホームページのことを言います。

メリットは、作成するまでに時間がかからないことです。なぜなら写真や文字をあなたのサロン仕様に変更するだけで、ホームページが完成してしまうからです。

しかし、デザインが決まっているので、他店と同じになってしまうというデメリットがあります。

③外注してオリジナルホームページを作る

メリットは、サロンのコンセプトに合った思いどおりのホームページができるということです。

デメリットは、制作期間が長くなってしまうこと。平均ですが、2〜3ヶ月はかかります。それにホームページ制作代金が高価になることです。

外注しようかどうか考えたときには、制作費用の構成を知っておくと役に立つので、そのことも少し触れておきましょう。

ホームページ制作費用は、大きく分けると、「企画費」「デザイン費」「コーディング費」「システム構築費」の4つです。また月々、運営費もかかります。

ホームページを作る際に押さえるべきポイント

①自分で作る

メリット
・自分のペースで作成できる
・無料または低コストで作成できる
・自分で更新できる

デメリット
・手間がかかる
・ノウハウがないので時間がかかる
・検索エンジン対策などは知識が必要になる

②テンプレートを利用する

メリット
・写真、文字を入力するだけで簡単にできあがる
・自分で作成する場合に比べ、時間がかからない
・低コストで作成できる

デメリット
・他店と同じデザインになってしまう場合がある
・検索エンジン対策などは知識が必要になる

③オリジナルで作る

メリット
・自店のコンセプトに合うデザインができる
・ホームページ制作業者が検索エンジン対策について
しっかり教えてくれる

デメリット
・作成期間が2～3ヶ月かかる
・ホームページの作成費用が高額になる

05 予約につながらないときのチェックポイントとは？

「営業時間外に予約したい」が8割？

お客様がサロンを予約したいと考えるのは、いつだと思いますか？　あるデータによると、営業時間外に予約したいお客様が8割だそうです。その場合、電話からの予約しか受けつけていないと、せっかくの予約機会を逃していることになります。そこで必要なのが、ネットの活用です。

ひとりサロンの場合、ネット予約を導入するまでもないと考える人も多いと思いますが、実はその考えは間違っているのです。なぜなら、ネット予約を導入することで、多忙中の電話での予約が減ることも考えられますし、既存のお客様からの予約がネット予約に集約されることで、不要な電話に出なくてもすむためです。

ホームページがあるのに、予約数が上がらずに困っているのであれば、ネット予約を導入することをおすすめします。

どんなネット予約がいいか？

ネット予約と言っても、いろいろな種類があります。「メール予約フォーム」「QRコードを読み取るタイプ」「会員登録してから予約するタイプ」「最低限の情報だけ入力して予約するタイプ」。

これらのネット予約には、メリットもデメリットもあります。私が自信を持っておすすめするのは、「最低限の情報だけ入力して予約するタイプ」です。なぜなら、お客様がネット予約をしたいと思ったときに、入力項目が多いと、それだけで予約してくれる確率が下がってしまうからです。

そこで、**「予約日時」「名前」「電話番号」「メールアドレス」**の4つの情報だけを入力すれば完了するネット予約にすることで、サロンのネット予約件数が大幅に上がります。

いろいろな予約システムのメリット・デメリット

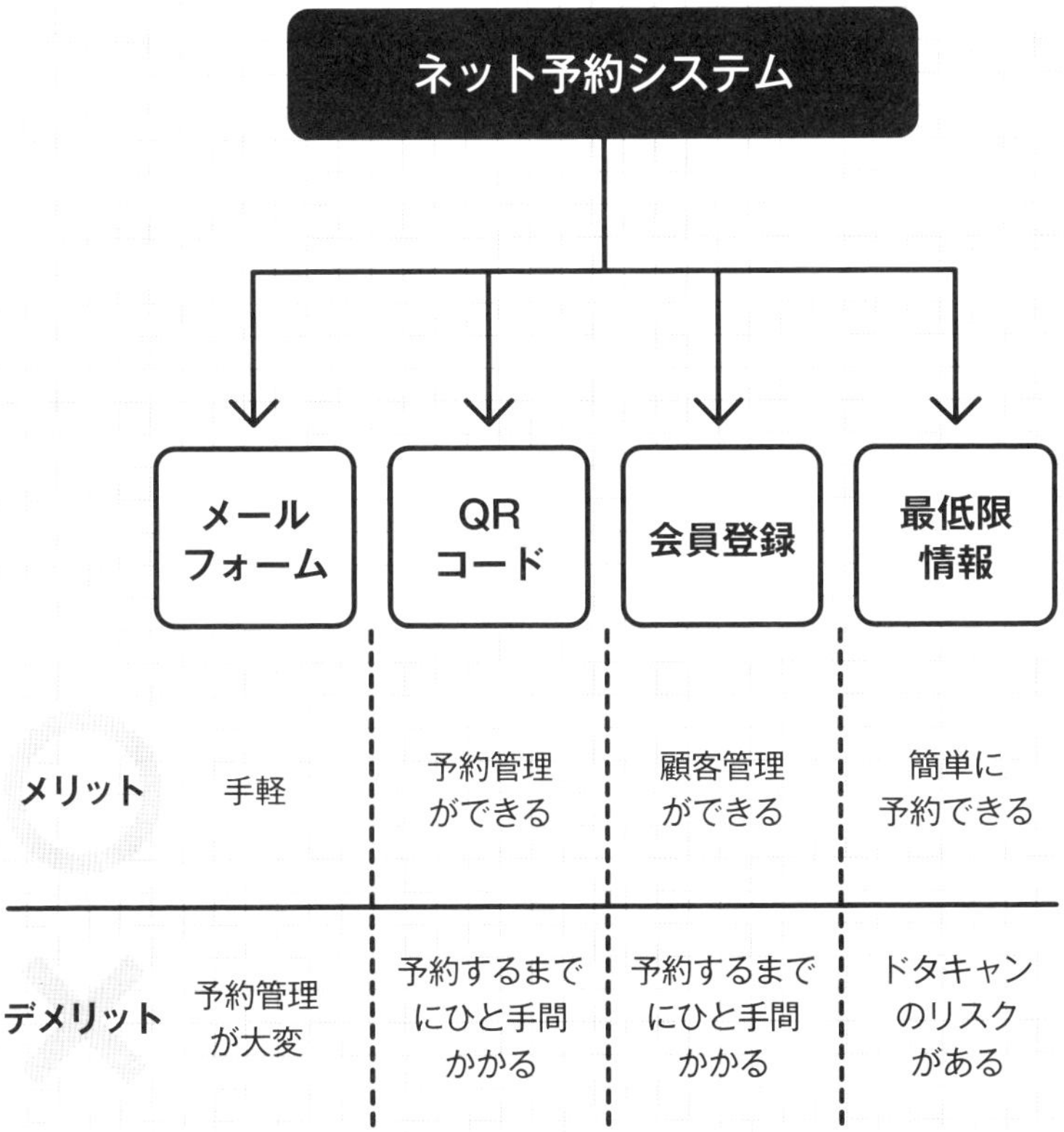

	メールフォーム	QRコード	会員登録	最低限情報
メリット	手軽	予約管理ができる	顧客管理ができる	簡単に予約できる
デメリット	予約管理が大変	予約するまでにひと手間かかる	予約するまでにひと手間かかる	ドタキャンのリスクがある

06

サロンのホームページは何人がどう見ている？

集客につながるアクセスの考え方

ホームページを持っているだけでは、サロンの集客につながりません。そのホームページが、商圏内の人にどれだけ見られているかが重要です。また見ている人のことを解析する必要もあります。

仮に、1ヶ月の間に1000人にサロンのホームページが見られているとします。そのうち商圏内のアクセスが500名、商圏外が500名とします。この場合、集客につながるアクセスは、500名ということになります。

次に、商圏内のアクセスがどこから来ているか確認します。大きく分けて3つです。

①検索エンジン経由……どんなキーワードで検索してたどり着いたかということです。次のどの検索キーワードが集客に結びつきやすいと思いますか？

【A：エリア＋サロン名】【B：エリア＋業種名】【C：エリア＋業種名＋悩みキーワード】

答えは、A→C→Bの順番となります。なぜなら、Aの場合は、サロン名を入力しているので、サロンに興味があることが一目瞭然です。Bの場合は、そのエリアでサロンを探しているので、他のサロンも比較検討していることがわかります。Cの場合は、「悩みキーワード」を入力しているので、Bより本気度が高いと予想できます。

②他のサイト経由……他のサイトを経由しているということは、そのサロンが気になってホームページを見ていると予想できます。そのため、他のサイトからいかに紹介してもらうかを考えることは、とても重要です。

③直接URLを入力……店のURLを知っているということは、チラシや名刺や紹介カードなどを見て、気になっていると予想できます。そのため、他の媒体と一緒に活用することがポイントです。

サロンのホームページのアクセス解析をする

アクセス解析を活用して集客を伸ばす考え方とは？

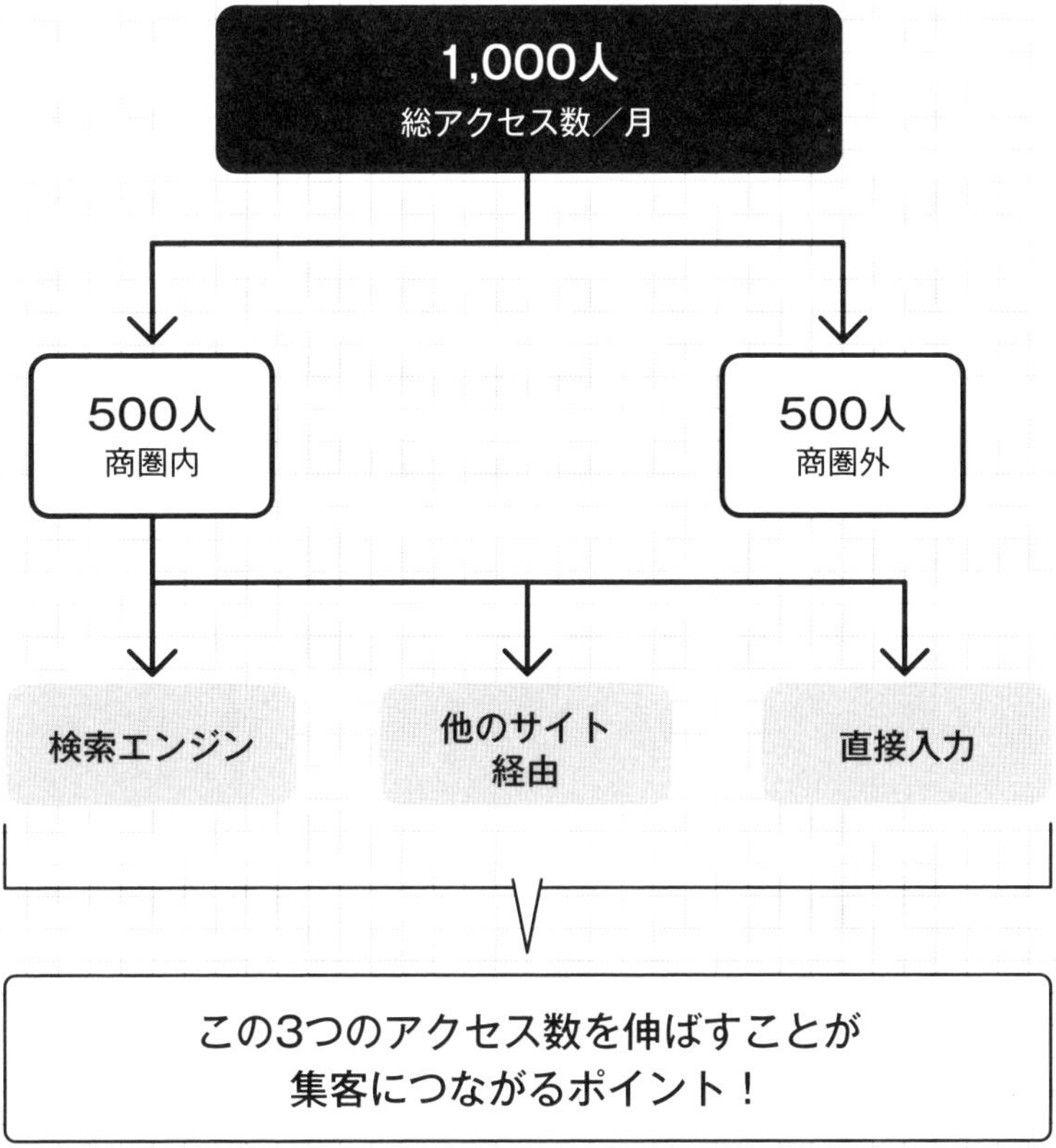

POINT おすすめのアクセス解析はグーグルアナリティクス
https://www.google.com/intl/ja_jp/analytics/

7章

来店されたお客様に サロンを印象づけよう

01 思わず手に取る「似顔絵名刺」を作ろう

お客様はスタッフの顔と名前が一致しない？

新規にサロンに来店してくださったお客様は、緊張もしているでしょうし、スタッフの様子もわかりません。何回か来店されているお客様でも、すべてのスタッフの顔と名前が一致していないので、まだ不安に思っているのではないしょうか？

その場合、あなたのサロンでは、どんなことをしていますか？

「スタッフ全員が名札をつけて、お客様に名前を覚えてもらうようにしている」から大丈夫。「ホームページでスタッフ全員が紹介されている」から大丈夫、と思っていないでしょうか？

「似顔絵名刺」の効果

そこで私の知っているサロンでは、お客様の不安をなくすために、スタッフが「似顔絵名刺」を作成しました。表面にはサロンの基本情報と名前と似顔絵。裏面には、趣味などスタッフの好きなことを掲載しています。

似顔絵名刺があると、待合室で待っているお客様は思わず手に取ります。似顔絵がどのスタッフなのか、あたりを見回して人物観察をします。お客様が、待合室でも退屈しないという効果もあるのです。

また裏面には趣味が書いてあるため、自分と同じ趣味のスタッフがいないか、お客様はチェックするのに集中します。つまり、はじめて来店してくださったお客様でも、待合室にいるときに緊張感を解いてくれるようになるのです。

「似顔絵名刺」単体でもお客様とのコミュニケーションツールに活用できますが、さらに各スタッフのブログに誘導する導線を追加しておくことで、お客様が帰られた後も、お客様とつながるきっかけができます。

思わず手に取る「似顔絵名刺」

表面　　　　　　　　　　　　　　　　　　　　　　　　　　　　裏面

POINT　①表面：似顔絵
POPで、「この名刺は誰か探してみてください♪」
などと書いておくと、お客様が気になって
スタッフを見てくれる

②裏面：フリースペース
趣味や好きなことなどを記載することで
お客様と共通点があったときに会話が盛り上がる

02 カウンセリングシートには必ず「来店動機」を入れよう

新規のお客様にまず聞くことは？

新規のお客様が来店したとき、「何がきっかけで来店してくれたのか」を聞いていますか？　もし、聞いていないとしたら、とても損をしています。

なぜなら、「サロンにとってどの媒体が新規集客につながっているのか」「その媒体は、どのエリアのお客様が多いのか」など、サロンにとって新規集客をするための基本情報を知る機会を見逃していることになるからです。

お客様に来店動機を伺う際の3つのポイント

お客様にカウンセリングシートに来店動機を記入してもらうときにも、以下の3つのポイントがあります。

①選択制にする……いろいろなサロンのカウンセリングシートを見ていると、「来店動機を教えてください」とだけ記載されているケースを目にすることがあります。そう書いてあると、お客様は考えなくてはならなくなるので、来店動機の回答率が下がってしまいます。その解決策としておすすめなのが、選択制にすることです。

②「複数チェック可」にする……予約につながった直接の来店動機はひとつかもしれません。しかし、お客様は看板を見たり、チラシを見たり、ブログを見たりして、いろいろな要素が重なって予約しようと決めているのも事実。

「複数チェック可」としておくことで、来店動機につながったツールが浮き彫りになります。

③検索キーワードを聞く……来店動機がホームページやブログだった場合、一歩突っ込んで、どんなキーワードで検索したのかを確認しましょう。なぜなら、そのキーワードは、来店につながる「魔法のキーワード」かもしれないからです。

カウンセリングシートの見本

No.	Name

■当店を知ったきっかけは何ですか？
※複数回答可

□ 看板　□ チラシ　□ ロコミ
□ ブログ　□ ホームページ　□ 紹介
□ その他

■ブログ、ホームページにチェックを入れたお客様
どんなキーワードで検索しましたか？

［　　　　］

POINT ①選択制にする　②「複数チェック可」にする
③検索キーワードを聞く

03 お客様が思わずニッコリしてしまうウェルカムメッセージ

お客様にお礼の気持ちを伝えよう

はじめてのサロンでは、誰もが緊張します。あなたも経験があるのではないでしょうか？　そこで、ウェルカムメッセージカードを用意して、お客様の緊張をほぐしてあげましょう。

はじめての居酒屋に行ったときに、「○○様　本日は当店にお越しいただき、ありがとうございます」と書いてあるメッセージカードをもらったことはありませんか。そんなカードを見たときは、思わず顔がほころびませんか？

サロンでもお客様への「来店のお礼」として、メッセージカードを用意することをおすすめします。お客様の初来店への不安解消につながります。

そのお客様がソーシャルメディアを活用している場合は、ブログやフェイスブックに、メッセージカードについて投稿してくれることも期待できます。結果的に、「口コミ」としてソーシャルメディア上で拡散される可能性もあるのです。

私が行きつけのネイルサロン

私が、毎月1回通っているネイルサロンの話を紹介したいと思います。私は男性ですが、親指にジェルネイルをしています。私は白メガネがトレードマークなので、そのイラストを親指にジェルネイルアートしてもらっているのです。

目的は、ネイルサロンを肌で感じることと、ネイルをしていると、名刺交換のときに必ず相手の目がそのネイルにいくので、話題作りになることです。

そのネイルサロンは、毎月行くたびに、メッセージカードを用意してくれています。そして、左の写真のように、今回行なうジェルネイルアートのチップがついているのです。毎月、今回はどんな内容なのかワクワクします。

お客様がニッコリしてしまうウェルカムメッセージカード

POINT

・ウェルカムメッセージを贈るときは、
お客様ひとりに対して書くこと。
ラブレターを贈る気持ちで書くのがポイント！

・お客様はウェルカムメッセージカードを
喜んで持って帰って
ブログやフェイスブックで紹介してくださることもあり、
口コミにつながる可能性も広がる

・ウェルカムメッセージは、
新規のお客様だけでなく、既存のお客様に対しても有効

04

お客様がすすんで口コミしてくれる方法とは？

エキテンに登録するメリット

お客様がサロンを選ぶときに、何を重要視しているかご存じでしょうか？　「店のコンセプト」「店のウリ」「価格」「スタッフ」……。どれも大事な要素です。でも、もっと重要なことがあります。それは、「口コミ」です。

家族や友人から聞いた話や、口コミサイトに書いてある内容を確認して、来店するかどうかの判断をする人がとても多いのです。

そこで、おすすめの口コミサイトがあります。4章でも紹介した「エキテン」です。エキテンには無料版と有料版があります。最初は無料版を利用することをおすすめします。

エキテンは、サロンの登録をすると、口コミカードを発行してくれます。その口コミカードは、口コミを投稿すると、その場で Amazon の１０００円チケットが当たる可能性があるのです（２０１５年8月現在）。お客様にとってもメリットがあるので、口コミを書いてもらいやすくなります。

エキテンに登録していないサロンは今すぐに登録しましょう。

口コミ件数で地域No.1を獲得しよう

口コミでお客様を獲得するために、まず、あなたにしてもらいたいことがあります。

それは、あなたのエリアで、エキテンの口コミ件数が何件いけば、不動の1位を獲得できるのかを知ることです。そうすれば、口コミを何件集めればよいか、目標設定ができます。

そして口コミを集めるために、先ほど紹介した口コミカードをお客様に渡して、口コミを書いてもらえるようにお願いしましょう。

お客様がもっとも信頼する宣伝は？

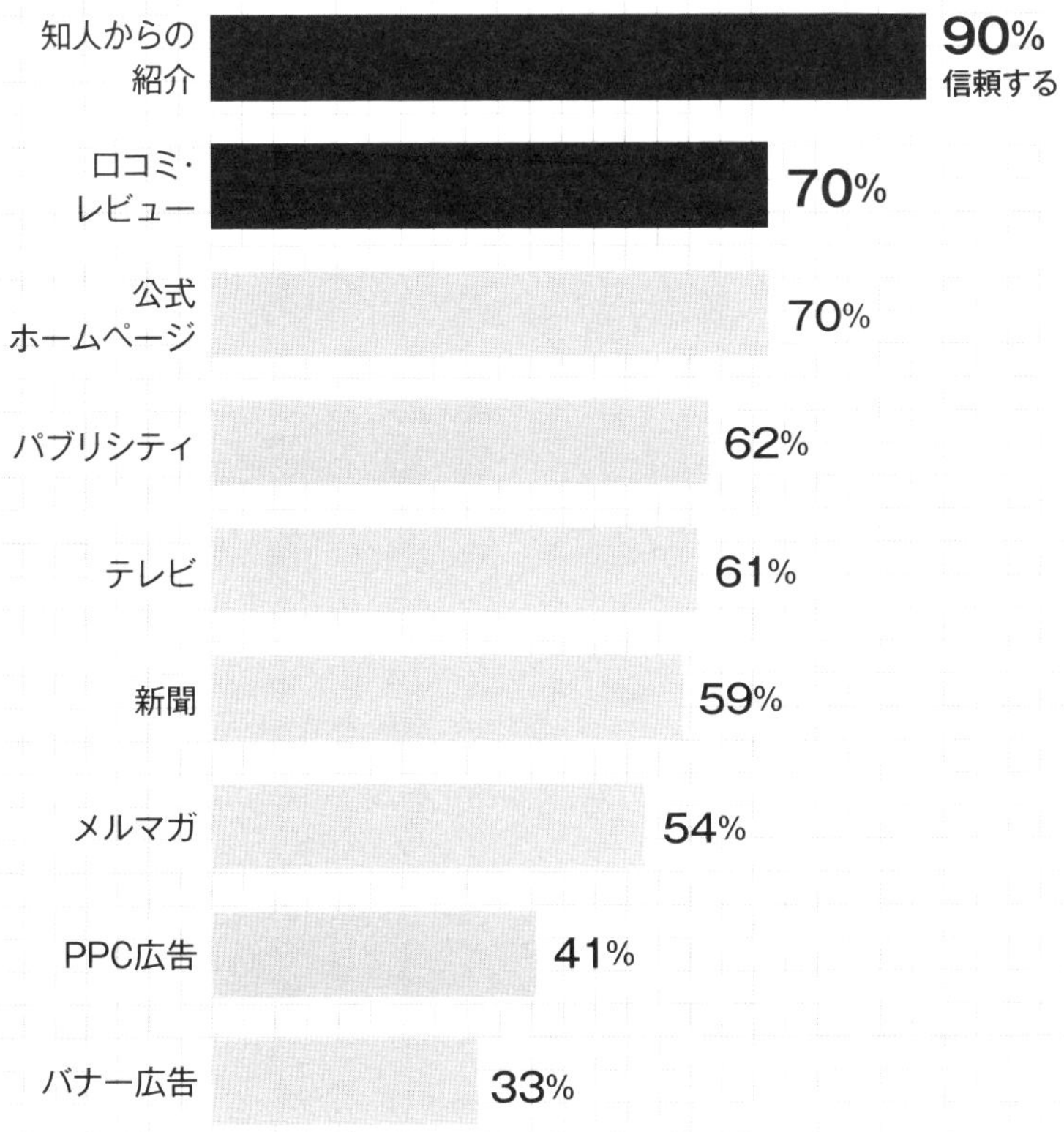

出典：Nielsen Global Online Consumer Survey, 2009年4月

POINT お客様は、「知人からの推薦」の次に、「口コミ・レビュー」を参考にしています。口コミを集めることは、信頼できるサロン集客方法のひとつです！

05

アンケートで聞くのは「選択の決め手」と「応援メッセージ」

お客様の声を聞くときのタブーとは？

お客様にサロンの感想を聞くとき、どのように聞いていますか？

「サロンで気になったことやスタッフの接客態度について、感じたことなど些細なことでも結構ですので、ご意見をお聞かせください」

このようなアンケートを取っているサロンは、非常に危険です。

なぜなら、このような聞き方をしてしまうと、お客様はサロンのマイナス点やスタッフの至らない点を探してしまうからです。

つまり、「わざわざクレームをおっしゃってください」と言っているのと変わらないのです。そんなお客様に接するスタッフは、モチベーションも下がってしまうため、「お客様アンケート」が逆効果になってしまいます。

2つ聞けば、事は足りる

お客様の声を聞くときに、必ず聞いてほしいことを2点お伝えします。

①数あるサロンの中で、なぜ当店を選んでくださったのですか？　その決め手は何でしょうか？

②サロンやスタッフに対する応援メッセージをお聞かせください

①の「選んでくれた決め手」というのは、言い換えると、お客様が感じてくれたサロンのウリです。そのウリを聞くと、それまで思ってもいなかったことが、ウリになっている場合もあります。つまり新しい発見ができるのです。

②のように「応援メッセージ」を求めると、お客様はサロンやスタッフに対して、激励の言葉を探して書いてくれます。その結果、スタッフのモチベーションアップにつながるのです。

アンケートは、「選択の決め手」と「応援メッセージ」を聞こう

いつも当店をご利用頂きありがとうございます。
さらなるサービス向上を目指し、
お客様に簡単なアンケートをお願いしております。

記入日:2014年　月　日	**性別:**女性 男性
お名前:	**年代:**10代　20代　30代
※イニシャルでもかまいません。	40代　50代　60代～

数あるサロンの中で、あなたが当店に通い続けている「決め手」を教えてください。

※できるだけ具体的に書いていただけると幸いです。
※お店·スタッフに対する応援メッセージもお願いします。

このアンケートをブログに掲載してもよろしいですか。

掲載：OK・NG

アンケートにご協力頂きありがとうございます。

POINT 通い続けている「決め手の理由」をお客様に伺うと、
サロンのウリを再発見できる場合がある。
サロンへの「応援メッセージ」は、
スタッフのモチベーションアップにもつながる！

8章

お客様にリピートしてもらう方法

01

新規集客ばかりに目を向けない

サロンが陥りやすい新規集客の考え方

あるエステサロンの話です。毎月、新規集客をするためにクーポンサイトに３つ掲載し、20名集客しています。しかし、目標は60名。あと40名足りません。このような場合、多くのサロンは、40名お客様を増やすためにはどうしたらいいかを考えるのではないでしょうか？

しかし、そのような考え方で本当に大丈夫でしょうか？　なぜなら新規集客ばかりに目を向けていると、お客様にリピートしてもらうことが、おろそかになってしまうからです。

現に、今回のエステサロンの事例では、次回も来店してくださるお客様は20％前後。この数値を高めることができれば、新規集客数が少なくても、サロンの経営は安定します。リピート率にもしっかり目を向けることが大事です。

バスタブ理論をご存じですか？

左の絵をご覧ください。五右衛門風呂に水を入れてお湯を沸かしています。しかしよく見ると、底のほうに穴が空いています。穴が空いているので、水が流れ出てしまっています。これではいくら水を足してもいっぱいになりません。

これを集客に置き換えると、**①水を足す＝新規集客、②水が溜まる＝既存客が増える、③水が流れる＝失客**を意味します。ここであなたに問題です。どうやったら水がいっぱいになりますか？　答えは簡単。穴をふさいで水の流出を防ぐことです。

つまり、水をいくら足しても、穴が空いていれば、いつまでたっても水はいっぱいになりません。

そこで考えていただきたいことは、「水を溜めること」と「水が流れ出ないようにするにはどうしたらいいか」ということです。

新規集客ばかりに目を向けると既存客を逃がす！

〈バスタブ理論〉
①水を足す＝新規集客
②水が溜まる＝既存客が増える
③水が流れる＝失客

何をしたらいいか

水を溜める（②既存客を増やす）には
どうしたらいいか？

答え

穴をふさいで水が流れ出る（③失客）のを
防ぐのが一番

02

お客様がリピートしない最大の原因とは？

3日たつと忘れてしまう

サロンオーナーからの質問で多いのが、「お客様がなかなかリピートしてくれない」という悩みです。なかでも「クーポンサイトで集客したお客様のリピート率が非常に低い」という声が多くあります。

しかし、クーポンサイトで集客したお客様というのは、もともとクーポン目当ての場合が多いのも事実。リピート率が上がらないのもしかたがないと言えるのではないでしょうか。

それらも踏まえて、お客様のリピート率を上げるために忘れてはならない大切なことがあります。それは、お客様がリピートしない一番の原因が、「忘れていた」ということです。

ここであなたに質問します。

「3日前の夕食で何を食べましたか？」

おそらく、すぐには答えられないのではないでしょうか。サロンの場合も同様に、3日たつと忘れてしまうと思ってください。そこで、「お客様に忘れられないためには何をすべきか！」。このことがとても大切なのです。

お客様と会っていない時間を大切に

お客様に忘れられないようにするためには、マメにお客様と交流することが必要なのです。

具体的には、「来店3日後にサンキューDMを送る」「来店1ヶ月後にニュースレターを届ける」「次回予約を促すポップを設置し、次回の予約を確定する」「きれいが保つ期限を伝え、お客様に印象づける」「ソーシャルメディアでお客様とつながって、会っていない時間を共有する」……。

これらはすべて、お客様にサロンを忘れないように印象づけるためにすることです。各施策がうまくいく秘訣を、次項より解説します。

「忘れないで」の願いを込める

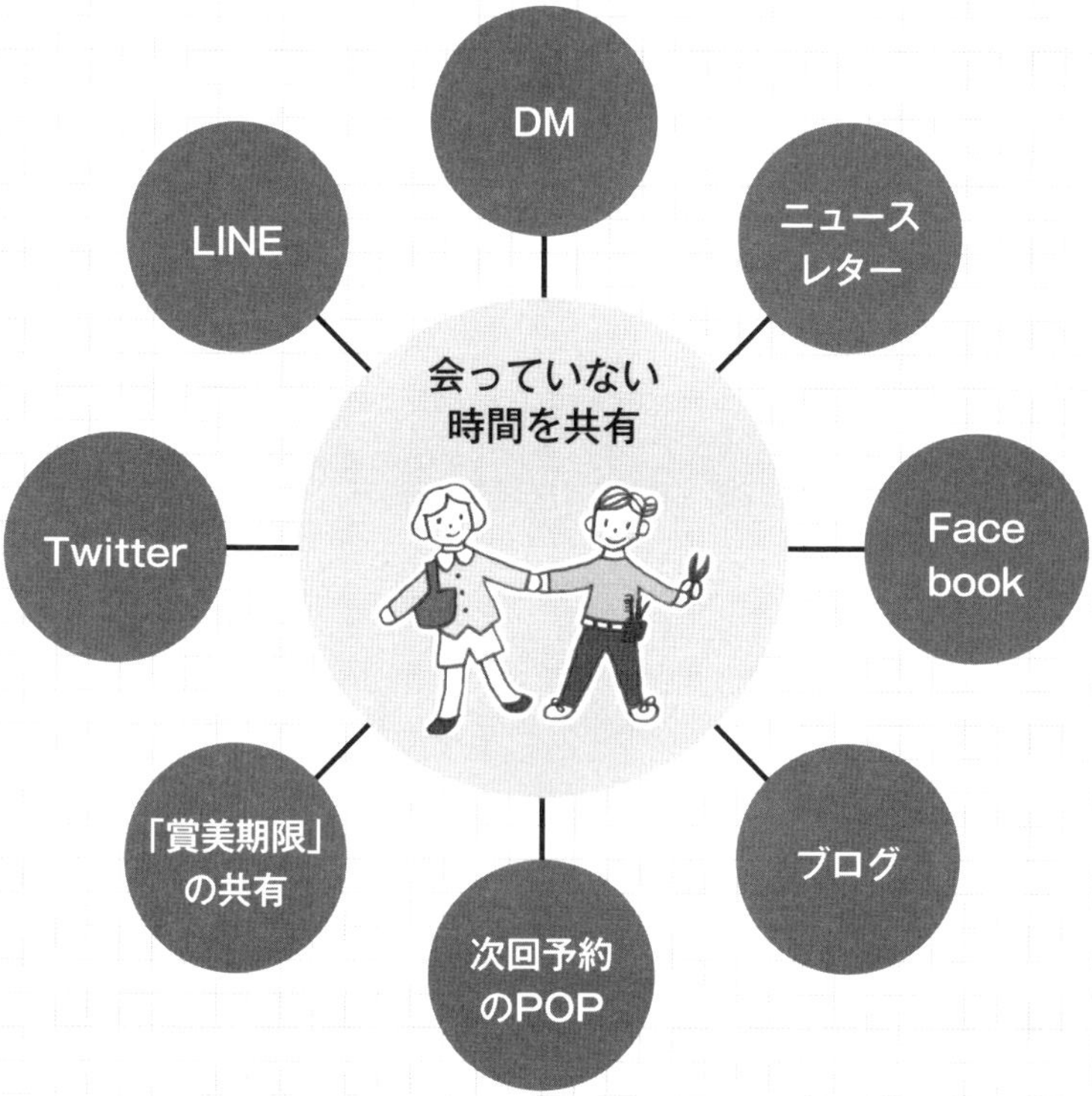

POINT お客様がリピートしないのは
サロンの存在を忘れてしまうため。
お客様から忘れられないようにするためには、
「ゆるく・長く」つながることが大切

03

次回予約を促すPOP成功術

次回予約を取るためには値引きが一番？

お客様が、次回の予約をするメリットにはどんなことがあると思いますか？

よくある答えが、次回の予約では10％オフというような値引きのメリットがある、というものです。

あるネイルサロンオーナーは、「スタッフが次回予約を取るときに伝えやすいから、この方法を取っている」と言っていました。

オーナー自身は、既存のお客様への対応で、ほとんど新規のお客様を接客することができない状況。そこで「スタッフのために値引き戦略を取っている」と言うのです。

この方法で、次回予約をしてくださるお客様が2倍に増えたそうです。

このケースで言えば、値引きも立派な戦略になっています。「スタッフのため」という値引きの理由がはっきりしているからです。

では、値引き以外にお客様が次回予約をするメリットはないのでしょうか？

予約が取りにくい不満を解消するには？

左のPOPをご覧ください。「予約がとりづらくてご迷惑をおかけしている」と書かれています。そこで、「確実に予約を取るには、次回の予約をしてください」と伝えているのです。

また、このPOPが上手なところは、「ご用命の際は、お気軽にお声掛けください」とお客様に行動を促していることです。

なぜなら、お客様がポップを見てスタッフに次回予約のことを聞いた場合、店からの押しつけでなく、お客様への「説明」になるからです。

次回予約に興味があるお客様を見つけることが、このPOPの最大の役割です。

次回予約を促すPOP

最近、ご予約が取りづらくて、ご迷惑をおかけしております。

年末・年始は特に早めにご予約が埋まることが予想されるため、次回の予約もお取りしております。

ご用命の際は、お気軽にお声掛けください。

POINT POPで次回予約のメリットを伝えよう！
・予約を優先的に取ることができる！
・予約は一度変更できる
・次回予約で○%オフ　など

04

スマホユーザーを囲い込む次回予約アプリ

スマホユーザーを囲い込むためには？

スマホユーザーの数は、年々上昇をしています。通勤電車の中を見渡すと、半数以上の人がスマホを触っています。これだけスマホユーザーが増えたのですから、今、スマホユーザーに向けた集客施策は、不可欠でしょう。

ある美容室では、新規に来店してくださったお客様に、その場でスマホのアプリをダウンロードしてもらうよう徹底しています。お客様のメリットは、スマホから予約することで、2回目の来店で特典を受けられることです。

新規のお客様で一番多いのが、クーポンサイト経由のお客様。そのお客様は、値引きを好む傾向にあります。そこで特典をつけて、次回はスマホからの予約を促すことで、新規のお客様の囲い込みを狙っているのです。またそのアプリは、メッセージを送ることもできるので、お客様はプッシュ通知を目にする確率が高まります。スマホユーザーの囲い込みは、アプリの利用が有効な手段と言えます。

サロンカードというアプリがおすすめ！

美容業界向けの「リザービア」という予約システムを紹介します。クロスフィードという会社が提供しているシステムです。ポイントは、顧客登録の煩雑さを最小限にとどめて、予約をするときのストレスを限りなくゼロにしている点です。

ネット予約をするときは、顧客情報の登録を行なう手間が生じます。しかし、このリザービアは、その手間がほとんどありません。結果、ネット予約数が10倍になった美容室もあるのです。

リザービアに契約すると、サロンカードというアプリを取得することができます。このアプリは、iPhone にもアンドロイドにも対応しています。

スマホユーザーの囲い込みに便利な次回予約アプリ

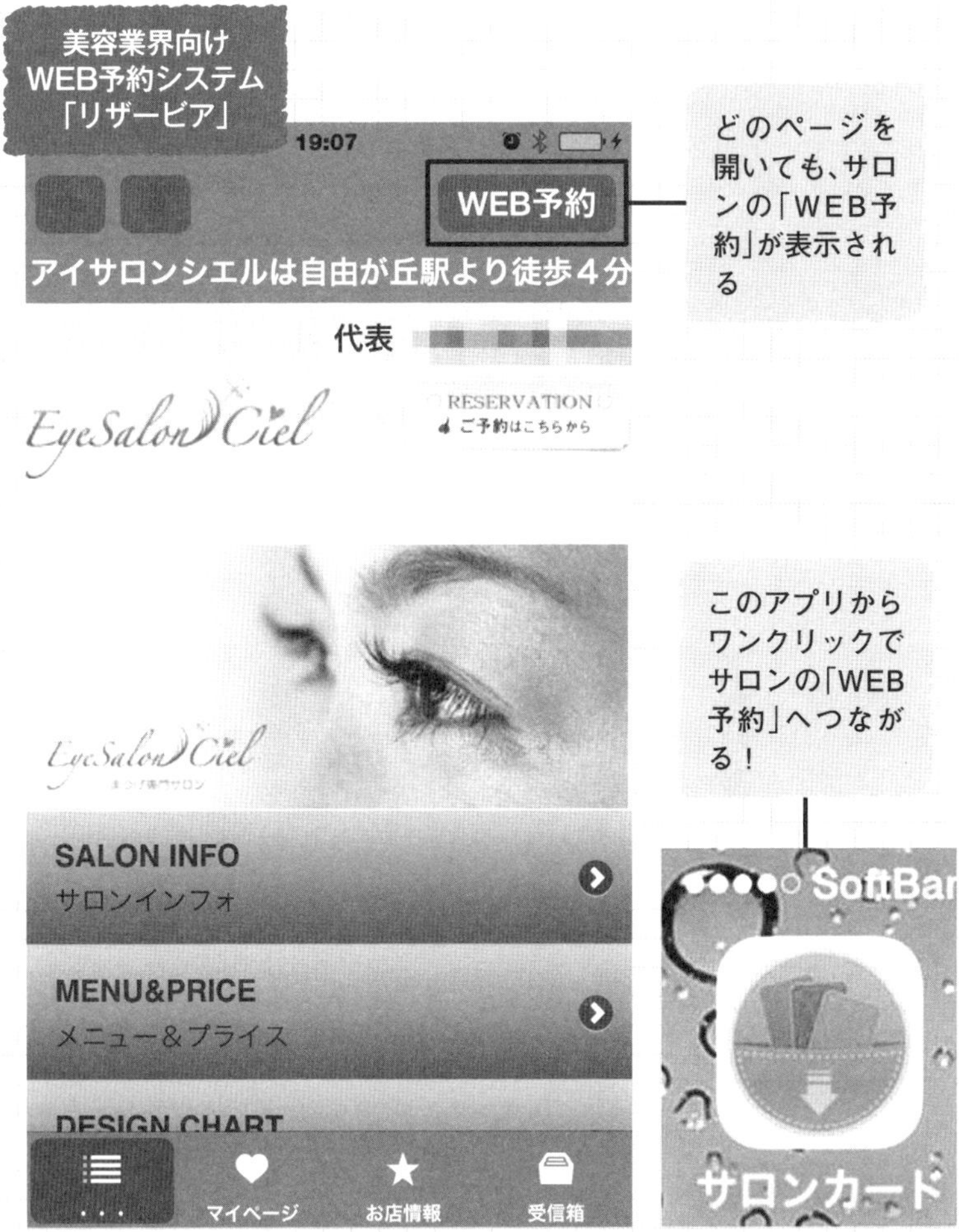

05 スマホを振るだけでお客様とつながれる！

LINE＠は気軽につながれるナンバーワンツール

みなさんはLINEを使っていますか？　LINEの国内ユーザーは5000万人以上と言われています。これだけ多く使われているプラットフォームは他にはありません。

サロンがLINEを活用する場合は、LINE＠というサービスがあります。個人のLINEと違うのは、店専用のアカウントになるため、店の情報発信源として役に立つ点です。お客様1名に対して個別にメッセージを送ることも可能ですし、LINE＠に登録していただいたお客様全員にメッセージを送信することもできます。

なによりもLINE＠の場合は、お客様が気軽につながってくれるというメリットがあります。ある美容室の事例ですが、フェイスブックページの「いいね！」を100名集めるために必要とした期間は約3ヶ月。しかしLINE＠の場合は、2週間で友だち数が100名を突破したのです。

なぜ、このようなことが起きるのかと言うと、LINE＠では、お客様がサロンに個人情報を開示しなくてもつながることができるからです。

LINE＠に登録してもらうためにはいくつか方法がありますが、とくにおすすめなのが、「スマホを振るだけ」で友だち登録の画面が出てくる「ふるふる」機能です。これだけで見込客が増え、手軽につながることができるのが最大のメリットと言えます。

既存顧客の囲い込みに最適

前述しましたが、お客様がリピートしない第一の原因は「忘れてしまう」ことです。忘れられないためには、お客様とつながることが必要不可欠。お客様とライトにつながるツールとして最適なのがLINE＠です。

スマホを振るだけでお客様とつながれる！

POINT LINE@に登録するとスマホを振るだけで友だちになれるので簡単♪

06 3日後に届くサンキューDMとは？

お客様に店を思い出してもらうことが大切

お客様に、来店の感謝を伝えるのがサンキューＤＭです。３日後にＤＭを届けるのには理由があります。それは、人間は３の倍数の日ごとに記憶が薄れていくと言われているからです。

お客様は、３日後にはどんなサロンだったのか、すぐには思い出せなくなるのです。そこで、３日後に手書きのＤＭを届けることで、お客様にもう一度サロンを思い出してもらうようにしましょう。

サンキューDMの3つのポイント

サンキューＤＭを作成する際のポイントは３つ。

①3日後に出す

①については、前述した通りです。

②来店時に話したパーソナルな情報を記載する

店でお客様と話した内容を盛り込むことにより、この手紙は自分のためだけに送ってくれたのだと感じてくれます。そうすることで、お客様の印象に強く残ります。

③来店してくださった感謝の言葉のみを伝える

来店してくれたことのお礼のみを伝えることが大事です。

例えば、そのサンキューＤＭの内容が、次回予約のすすめや値引きだったとしたら、お客様はどう思うでしょうか？　つい先日行ったばかりなのに、もう「売り込まれた」と嫌な気持ちになってしまいます。サンキューＤＭを届ける際には、売り込みは一切しないことをおすすめします。

サンキューＤＭを送る目的は、お客様に感謝を伝えることと、「サロンのことを忘れないで」というメッセージです。そうした心遣いをすることで、サロンのことを気にしてくれて、再度来店してくださるようになるのです。

サンキューDMの3つのポイント

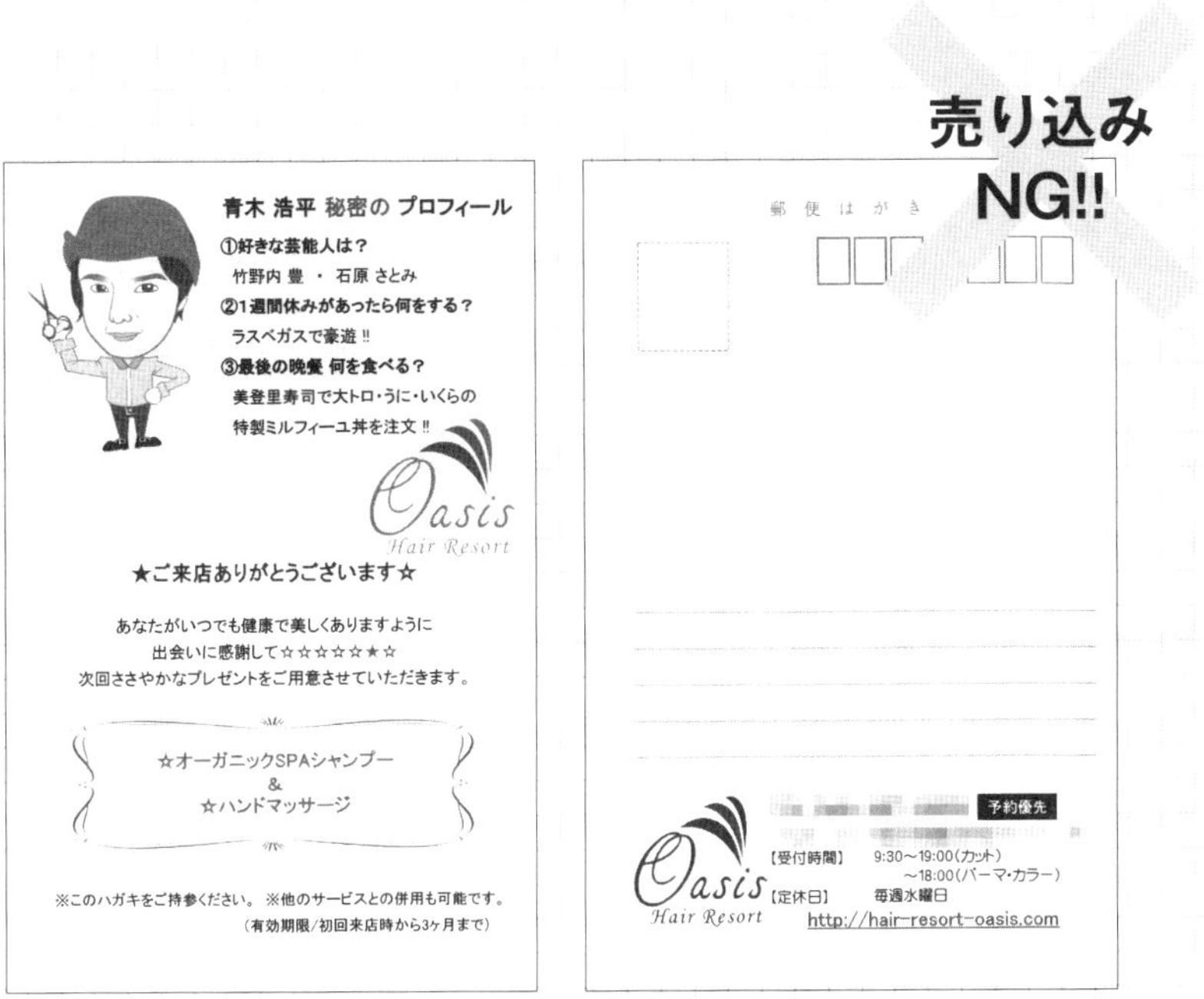

POINT 1 3日後に送る

POINT 2 パーソナルな情報を入れる

POINT 3 感謝のみ伝える

07 月に1回、VIP顧客にニュースレターを出そう

ニュースレターを郵送する際の3つの注意点

ニュースレターをお客様に届けていますか?

ニュースレターとは、平たく言うと「サロン新聞」です。このニュースレターをお客様に郵送するときには注意点が3つあります。

①すべてのお客様には送らない

なぜすべてのお客様に送ってはダメなのかというと、すべてのお客様に送ると、手間や費用がかかりすぎてしまうからです。

そこでおすすめなのが、サロンのVIP顧客だけに郵送することです。なぜなら、ほとんどのサロンは、売上上位2~3割のお客様で、店全体の7~8割の売上を上げているためです。

ニュースレターは、発行するのにとても手間のかかるツールです。ほとんどのサロンが、多くても月1回の発行となっています。VIPのお客様を大切にする意味で、手間のかかったニュースレターは最適なツールなのです。

②極力売り込まない

VIP顧客に届ける大切なツールですから、あくまでお客様本位の内容にすることが第一義です。毎月来店を催促されたら、VIP顧客でも嫌気がさしてしまうでしょう。

ニュースレターは、VIP顧客との関係を継続するために利用するものなのです。

③ひと言メッセージを記載する

VIP顧客との関係を強固にするためにニュースレターを活用する場合、ひと言のメッセージは欠かせません。

そのひと言で、その他大勢の顧客と一緒にされているのではなく、「私のために送ってくれている」と感じてくれるからです。

VIPに送るニュースレター

VIP顧客と
サロンのかけ橋

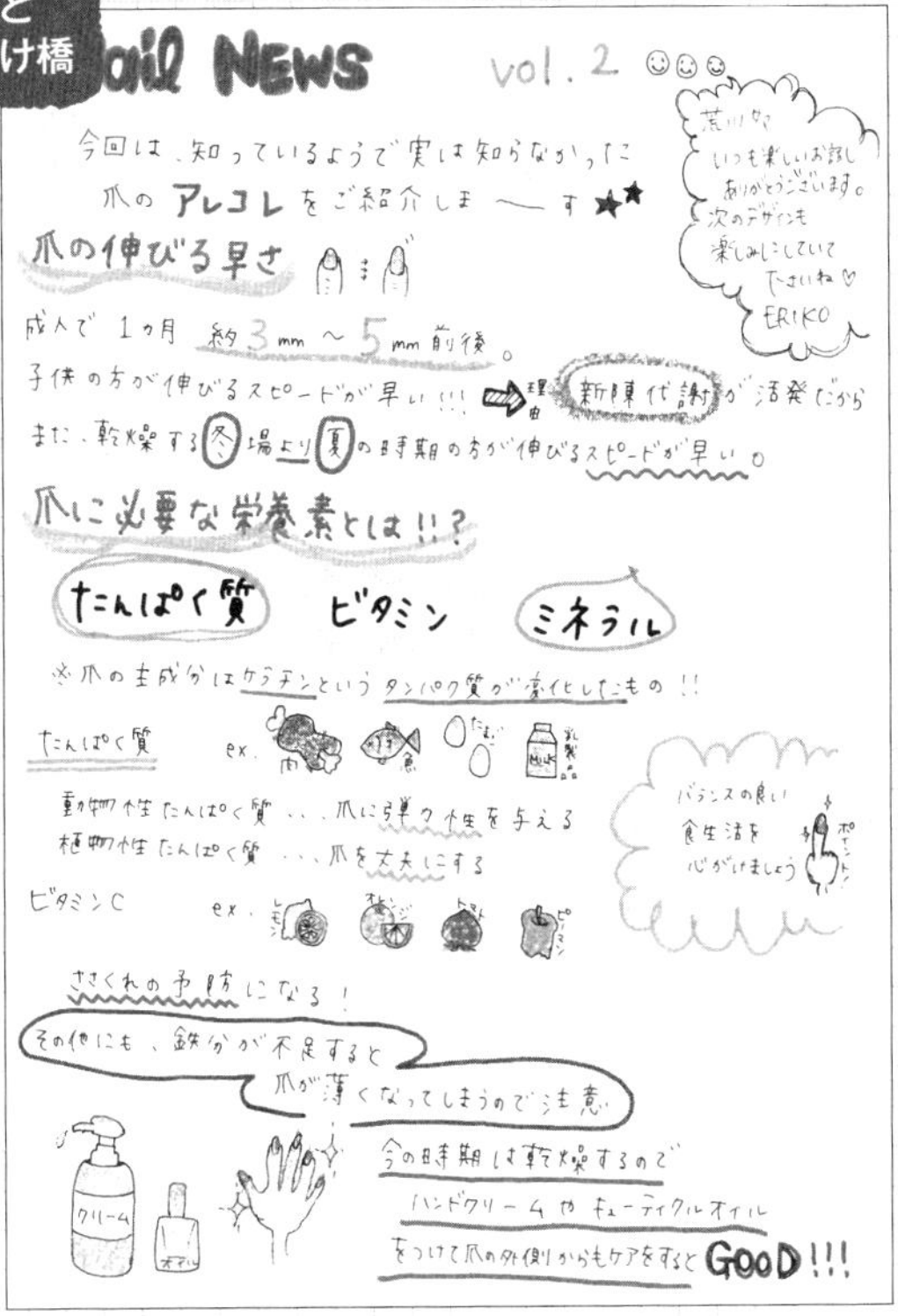

POINT **1** すべてのお客様には送らない

POINT **2** 極力売り込まない

POINT **3** ひと言メッセージを添える

08 予約日の1週間前に届くDMを出そう

次回予約～再来店までの黄金法則

「1ヶ月も先の予定はわからない」。次回予約を取るときに、よくお客様はそうおっしゃいます。

そこで次回予約を取るときから、次の来店までに店がすべき黄金法則を、これまで述べたことも含めてまとめておきましょう。

私がコンサルティングしているA美容室の事例をご紹介します。

①お客様がお帰りになる際、次回予約の説明を行ないます。その際、「1回予約を変更できる」ことを伝えるのがポイントです。すると、変更できることに安心して、割と気楽に次回予約をしてくれます。

②来店3日後にサンキューDMを郵送。来店してくれたことや次回予約をしてくれたことのお礼を手書きで伝えます。そうすることで、お客様がサロンから大切にされていると好感を持ってくれます。

③予約日の1週間前に、予約の日程を伝えるDMを郵送します。そこで大切なのが、「ご都合が合わなくなった場合は、予約日の3日前までに電話でご連絡ください」という一文を添えることです。

そうすることで、お客様は都合が合わなくなった場合には連絡をしてくれます。また、予約日の1週間前にDMが届くことで、サロンに予約したことを思い出すきっかけになります。

既存の顧客を大切にする姿勢

A美容室では、この一連のしくみをしっかり行なうことで、リピート率が向上し、さらに失客を抑えることに成功しました。

こまめにDMやニュースレターを出すことは、とても手間がかかるかもしれませんが、お客様を大切にする思いが強ければ、手間とは感じないものではないでしょうか？

次回予約〜再来店までの黄金法則

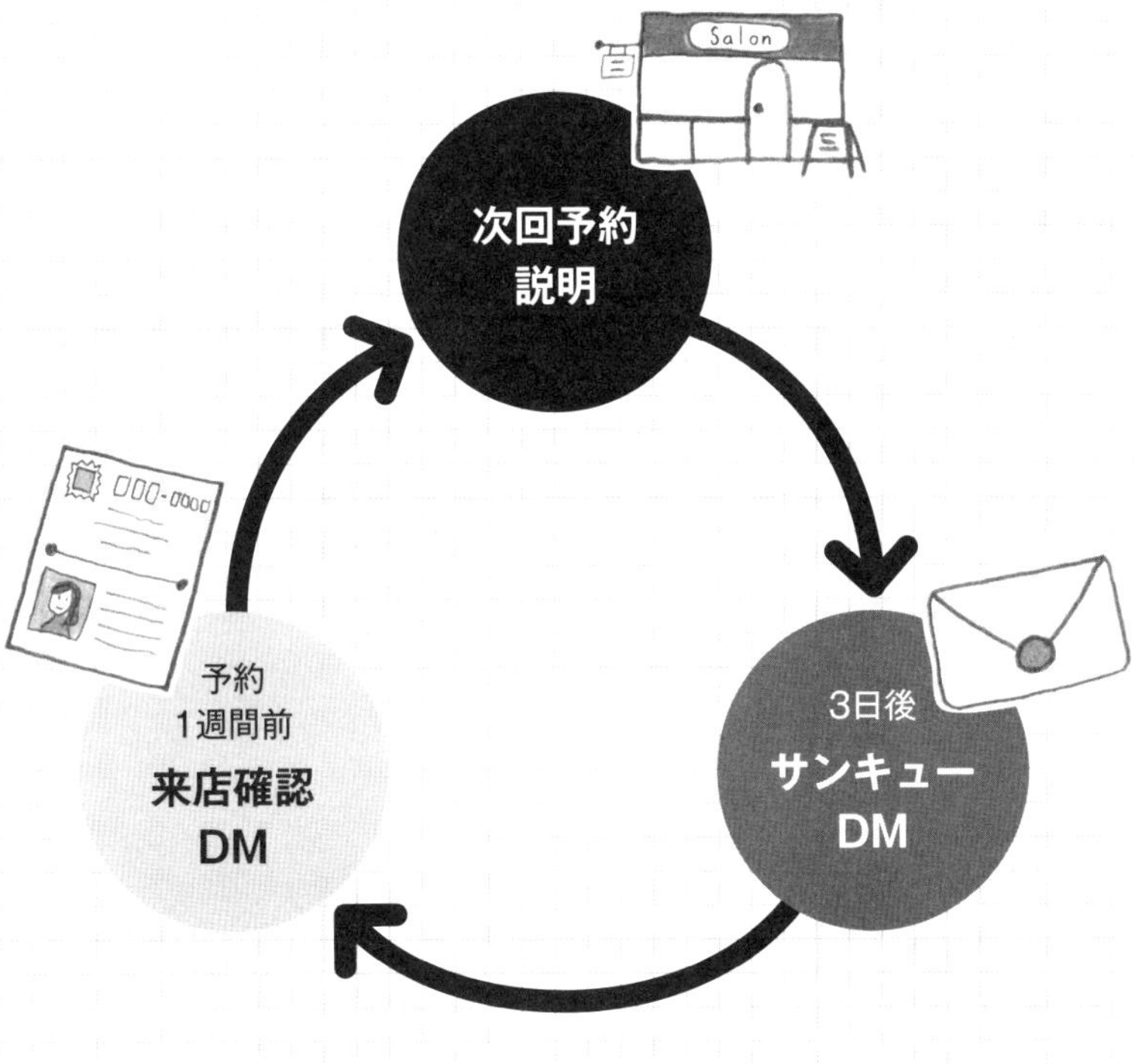

09 お客様にサンキュー動画レターを送ろう

サンキュー動画とは？

サンキューDMを送る際に、ぜひ併せて送ってほしいものがあります。それは、サンキュー動画レターです。

具体的には、美容室であれば、「お客様に伝えたいスタイリングのしかた」。エステサロンであれば、「自宅で行なうことができるセルフケアの方法」。ネイルサロンであれば、「キューティクルオイルの塗り方」。これらは、お客様との会話で伝えていることばかりだと思います。

しかし、口頭やその場のレクチャーだけでは、お客様は思ったほど理解していないものです。そこで活用したいのが「動画」です。動画であれば、お客様はくり返し見ることができます。

今や、動画も気軽に作成できます。スマートフォンを使えば、動画作成から編集まで簡単です。作成した動画を、YouTube にアップして、特定のURLでの限定公開にすれば、そのURLを知らないと見ることができない動画になります。つまり、お客様だけに向けた動画になるのです。

このような動画をお客様に送ると、お客様はとても喜んでくれます。そして、その動画を友人・家族に進んで見せてくれるかもしれません。結果、口コミにつながる可能性が高まります。

iMovieがおすすめ

動画を作成する際、とくにおすすめのアプリがあります。それは iPhone・iPad のアプリである「iMovie」です。動画の作成から編集、そしてYouTube にアップするまでの作業を手軽に行なうことができます。

慣れれば、動画の作成から編集まで、簡単なものなら15分以内で完成できます。

リピート率向上に動画を活用する

iPhoneのアプリ
「iMovie」で
簡単に動画編集ができる！

●**詳しい動画の作成～編集の方法** https://youtu.be/yuekyYCcbjk

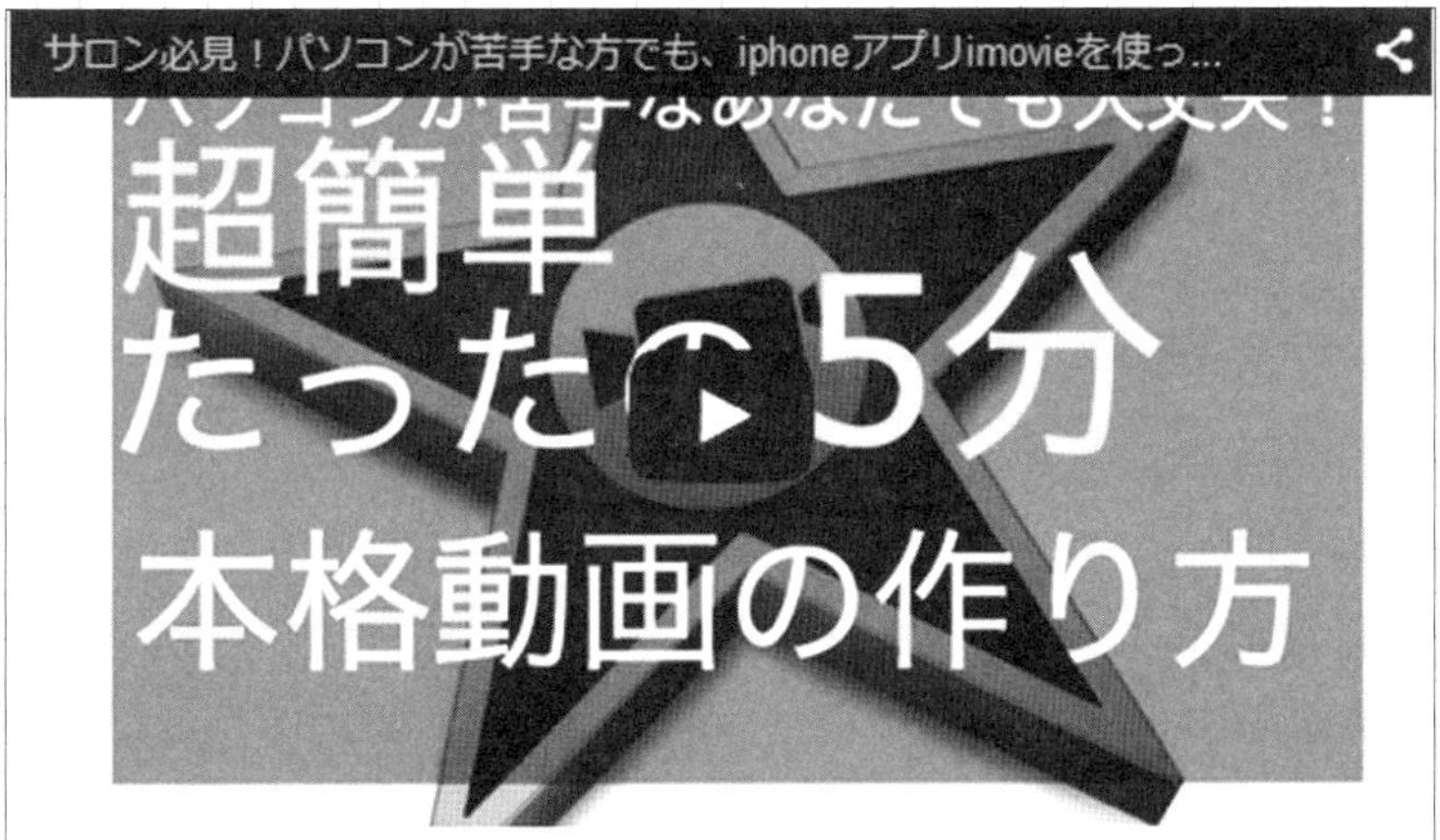

10 お客様を囲い込むメンバーズカードの活用法

どんなメンバーズカードを使っていますか？

あなたの店では、どんなメンバーズカードを活用していますか？　1回来店するごとにひとつ捺印する。もしくは2000円ごとに捺印する。このようなカードを使っているのではないでしょうか。

しかし、そのようなメンバーズカードでは不十分です。なぜなら、どのお客様がサロンにとって重要なお客様なのか、メンバーズカードから認識することがむずかしいためです。

おすすめのメンバーズカードの仕様とは？

ポイントは、お客様を「えこひいき」すること。なぜなら、上位20％のお客様がサロンの売上の8割を占めているためです。そこで、おすすめしたいメンバーズカードの仕様が3つあります。

①3ステップカード……新規のお客様にお渡しするカードです。ポイントは、まず3回来店してもらうこと。3回来店してくれると固定客になりやすいと言われているためです。

②シルバーカード……3回来店してくれたお客様に次にお渡しするカードです。さらにゴールドに上がるために基準を設けましょう。例えば、12回来店されたらステップアップできるなど。

③ゴールドカード……ここまで来たお客様は、サロンにとって大切なお客様です。このお客様に関しては、どのお客様よりも優遇するようにしましょう。こうすることで、スタッフ全員が大切なお客様が誰なのかわかるようになります。

ゴールド会員の中でも上位10～20名（サロンによって変わります）に関しては、特別なサプライズを用意。年間表彰や、ＶＩＰ会員カードを郵送するなど、最上級の「えこひいき」をすることをおすすめします。

お客様を囲い込むメンバーズカード活用法

ポイントは、お客様を「えこひいき」すること

①3ステップカード→②シルバーカード→③ゴールドカード
来店回数・売上に応じて、目に見える形で
ステップアップがわかるようにする

↓

どのお客様がサロンにとって大切なお客様なのか、
スタッフ全員に明確になる！

美容室LIKOのメンバーズカード（10章2項参照）

LIKO Hair & Make

No.

Name.

ヘッドスパ or トリートメントサービス

1度のご来店で1つスタンプを捺印致します。
4回目のご来店でヘッドスパ or トリートメントをサービス致します。
他券との併用は不可となります。

1.						1,000円 OFF
8.						1,000円 OFF
16.						1,000円 OFF
24.						1,000円 OFF
32.						1,000円 OFF

2,000円で1ポイントを捺印致します。
7ポイントたまると施術料金から1,000円割引致します。
他券との併用は不可となります。　有効期限

カードをひとつにまとめると、お客様もスタンプをためようという気になる

参照：『お客様は「えこひいき」しなさい！』、高田靖久、中経出版

9章

お客様が進んで紹介したくなる工夫

01 どんなときにお客様はサロンを紹介したくなる？

すぐに誰かに話したい衝動にかられます。

2対6対2の法則とは？

口コミは、「2対6対2の法則」で考えることができます。全体の2割の人が、口コミを率先して行なう人。6割は率先して口コミを行なうことはしないが、聞かれたら答える人。あとの2割が、口コミをそもそもしない人です。

この法則を聞いてどのように感じますか？　私は、チャンスがあると思います。なぜなら、6割の人が、「聞かれたら答える」という層だからです。つまり、自分からは言い出さないけれど、話したいとは思っている層なのです。

この層の人たちを、「どうしたら話したくなるようにするか」、または、誰かから「聞かれるようにするか」。これが、口コミを発生させるポイントなのです。詳しくは次項から説明します。

悪い口コミほど伝染速度は速い

悪い口コミほど伝染速度が速いことをご存じでしょうか？

あるまつ毛サロンのオーナーから聞いた話です。彼女は、毎月ネイルサロンに通っています。しかし、たまにはいつもと違うネイルサロンに行きたいと思い、グーグルで検索。口コミがとてもいいサロンに新規で来店したのです。

店に入り、ホームページで見た以上の快適な空間に満足。とてもその雰囲気に癒されたとか。しかし、次の瞬間！「もうこのネイルサロンには絶対に来ない！」という出来事に出会ったというのです。

それは、担当してくれたネイリストの手・足ともにネイルがボロボロ……ネイリストなのにと悲しくなったそうです。

このように期待を裏切られたことは印象が強く、

積極的に口コミをする人の割合は？

POINT 2割のお客様は、進んで口コミをしてくれる。
6割のお客様は、「サプライズを受けたとき」や
「お願いされたとき」に口コミをする傾向にある。
その他2割は、口コミをしてくれないお客様

↓

つまり、サロンにとって最重要なことは、
6割のお客様にどうやって口コミをして
もらうかを考えること

※参照：『お客さま（クライアント）に愛される接し方・話し方一サロン繁栄の接客術』、
大平 雅美、BAB ジャパン出版局（56ページ）

02 お客様の記念日にはさりげないサプライズを

誕生日に白いバラを贈ろう

記念日と聞くと、どんな日が思い浮かぶでしょうか？　きっと「誕生日」という人が多いのではないでしょうか。

私が誕生日に体験したことをお伝えしましょう。ネイルサロンに行ったときです。帰り際に、ハッピーバースデーの曲が流れて、ネイルサロンオーナーから1輪の白いバラをいただきました。バラは、オーナーが購入したのではなく、他のスタッフが代わりに買いに行ってくれたそうです。

そのバラは、「岡山の1店舗でしか作っていない珍しいバラ」だということを、オーナーから伺いました。

そのような貴重なバラを誕生日にいただけたこと、また、店全体で誕生日を祝ってくれたことが何よりうれしかったのを覚えています。

このように、さりげないサプライズを受けると、つい笑顔で人に話したくなってしまいます。

記念日は誕生日だけ？

記念日は、誕生日だけではありません。お客様の初来店の日も立派な記念日。また結婚記念日やペットを飼った記念日、お客様の子供さんが入学した日など、いろいろあります。

あるネイルサロンの話です。

そのネイルサロンは、「1日1感動」をテーマにしています。はじめて来店してくれたお客様には、お帰りになる際、「初来店記念日」として小さな鉢に植えられた花をプレゼントしています。大半のお客様は驚いて、その花の写真を撮ってブログやフェイスブックに投稿くれるそうです。

このように思わぬ感動・感激に出会うと、お客様は自ら行動を自然に起こしてくれるものなのです。

初来店も立派な記念日

POINT スタッフがお客様との会話の中で
記念日にまつわる情報を得たら、
カルテにしっかり記入しておきましょう。
そしてその情報はスタッフ全員で共有すること

03 誕生日に値引きDMは逆効果？

誕生日は年に1回の特別な日

お客様が誕生日を迎える月に、あなたのサロンではどんなことをしていますか？　もし、単純に値引きだけをしているとしたら、今からでも遅くありません。すぐにやめることをおすすめします。

私の体験談をお伝えします。私の誕生日の日、当時つき合っていた彼女とエステサロンに行こうと、店を検索しました。2人のニーズは、2人同時に施術を受けられること、そして完全個室の空間でした。決して値引きを求めてはいませんでした。

誕生日はお客様にとって特別な日。その特別な日に既存のメニューを値引きで受けることができても、うれしいとは感じないのではないでしょうか。

それであれば、来店していただいた記念に花をプレゼントするなど、ちょっとした心遣いのほうが喜ばれる思います。

むしろ高いメニューをご提案

あるエステサロンでは、誕生月にお客様に送るDMに、通常受けているメニューの1・5倍以上の値のメニューを掲載しています。誕生日は、お客様の気持ちも改まる日でしょう。その特別な日に、お客様のために考えたスペシャルメニューを提供しているのです。

このメニューは文字どおり誕生月にしか受けることができません。いくらお金を払っても受けることができないのです。値引きではなく、限定感やパーソナルな対応という付加価値で、サービスが高価である理由づけもしっかり行なっています。

お客様の立場に立つと、多少の出費もご主人や彼氏に言い訳ができます。なぜなら、その月にしか受けることができない限定感をしっかり説明・説得できるからです。

誕生日は特別限定メニュー

○○様
お誕生日おめでとう
ございます！
ロイヤルフェイシャル
メニュー
誕生日月だけ受けることができる
あなただけの特別メニュー
誕生日ぐらいは
いつもより
贅沢を♪
通常25,000円
➡ 誕生日キャンペーン23,000円
HAPPY BIRTHDAY

POINT 誕生日は、誰にとっても特別な日。
そんな特別な日には、
いつもよりちょっと贅沢をしませんか？
パートナーもきっと快く賛成してくれますよ♪

04 仕上がりのヘアスタイルをかわいく撮影

お客様発信の口コミとは？

美容室で仕上がったばかりのヘアスタイルは、お客様を一番引き立たせています。そこでおすすめなのが、その瞬間を写真に撮ってあげることです。

ここでのポイントは、セット面の見える位置にＰＯＰを掲載すること。

そのＰＯＰには、「あなたが一番輝いている瞬間を無料で撮影します。お気軽にスタッフまでお声掛けください」という内容を記載しましょう。

併せて、「撮影した写真は、あなたのブログやフェイスブックに自由に投稿していただいてかまいません」という内容も忘れないでください。なぜなら、お客様にどのような行動を取ってほしいのかを伝えることで、自然にお客様はブログやフェイスブックに投稿してくれるようになるからです。

その結果、店側発信の告知ではなく、お客様発信の告知となり、自然発生の口コミにつながります。

注意点としては、お客様の写真を店のブログやフェイスブックに投稿したい場合は、「必ずお客様の許可をとる」こと。勝手にお客様の画像を使ってしまうと、逆効果になりかねないからです。

プロフィール画像で仕事が決まる？

私の体験談をお話しします。美容室で仕上がったばかりのヘアスタイル写真をスマホで撮影してもらい、その画像を自分のフェイスブックやブログのプロフィール写真として使ったことがあります。するとフェイスブックでは、いつもよりも2倍以上の反響があったのです。さらにブログ読者からは、コンサルティングの依頼をいただきました。

プロフィール画像のできによって読者の印象が変わり、問い合わせに影響すると実感しました。

お客様の仕上がりのヘアスタイルを撮影する

あなたの一番輝く瞬間を
無料で撮影します。
お気軽にスタッフまで
お声掛けください！

POINT 「ブログやフェイスブックに自由に
投稿していただいてかまいません」
というように伝えることで、
お客様は自ら進んで投稿してくれるようになる

05

お客様との記念撮影がきっかけで口コミの輪が広がる

記念撮影×DMで口コミを誘発！

ある美容室の事例です。お客様と記念撮影した写真をサンキューDMに印刷して届けている店があります。

お客様はその写真を見て、来店した美容室を思い出します。またDMは、お客様の自宅に届くので、ご家族の目にふれます。家族団らんの食卓の場で、そのDMが話題になることもあります。そうすると、そのDMが口コミツールに変わるのです。

記念撮影×フェイスブックで旧友と再会

お客様と記念撮影をして、ある機能で口コミ集客に成功している美容室があります。

あなたはフェイスブックを活用していますか？フェイスブックには「タグ付け」という機能があります。タグ付けとは、一緒にいる人のことを伝える機能です。タグ付けを行なうと、その人の友だちにも情報が伝わります。このタグ付けを使用して、毎月10名の集客に成功しているのです。

この美容室は、夫婦で営んでいます。同郷どうしの夫婦は、生まれ育った地元でオープンしました。開店したては地元であっても、昔の仲間ともあまり接点がありませんでした。しかし、フェイスブックが流行りはじめたころから、いち早く利用していたこともあり、昔の仲間とも少しずつフェイスブックで接点を持つようになったのです。

そんなとき、地元で仲がよかった旧友が来店。その旧友をタグ付けをしたことで、地元の仲間がワンサカ押し寄せる事態になったのです。

お客様との記念撮影がきっかけで、昔の仲間と再会し、また、その仲間が仲間を呼んで、口コミとして広がっていったのです。

お客様との記念撮影が口コミのきっかけ？

POINT お客様と記念撮影をした写真を
フェイスブックに投稿する際、
「タグ付け」することで、
お客様の友人にも投稿内容が拡散される。
撮影するときに、
さりげなく店のロゴを入れると効果的

06 紹介カードには特定の「○○様をご紹介ください」と書く

紹介カードのお決まり文句とは？

サロンの紹介カードを見ると、多くは、表面は「ロゴ＋紹介カード（英語表記）」、裏面が「サロン基本情報＋地図とお決まり文句」となっています。

お決まり文句とは、「あなたのご家族・ご友人を紹介してください」という内容。どのサロンも似たようなフレーズなので、お客様はまたかとそっぽを向いているかもしれません。

しかし、このフレーズをちょっと変えるだけで、紹介率が上がるとしたらどうでしょうか。

紹介カードの内容を見直してみよう

では、どんな内容にすると、お客様が友人や家族を紹介しやすくなると思いますか？

①あなたのご家族・ご友人を紹介してください。

②○○様と同じように、髪をバッサリカットしたいお客様がいらっしゃいましたらご紹介ください。

③○○様のお母様をぜひご紹介ください。

いかがでしょうか？　③→②→①の順番で、お客様は誰を紹介したらいいのか、イメージできます。お客様は、対象を特定されればされるほど、その人に話したいと思ってくれるのです。

9章1項でお話しした、「2対6対2の法則」を覚えているでしょうか。全体の2割の人が、口コミを率先して行なう人。6割は口コミを率先して行なわないが、聞かれたら答える人。2割は、口コミをそもそもしない人、ということでした。

この6割の人の「聞かれたら話す」という状態を、「話したくなる状態にする」のが紹介カードの渡し方であり、内容なのです。

お客様が紹介してくれないと悩んでいるサロンは、紹介カードの渡し方と内容を見直してみることをおすすめします。

紹介カードには「○○様をご紹介ください」と書く

「聞かれたら話す」→「話したくなる」

に誘導しよう！

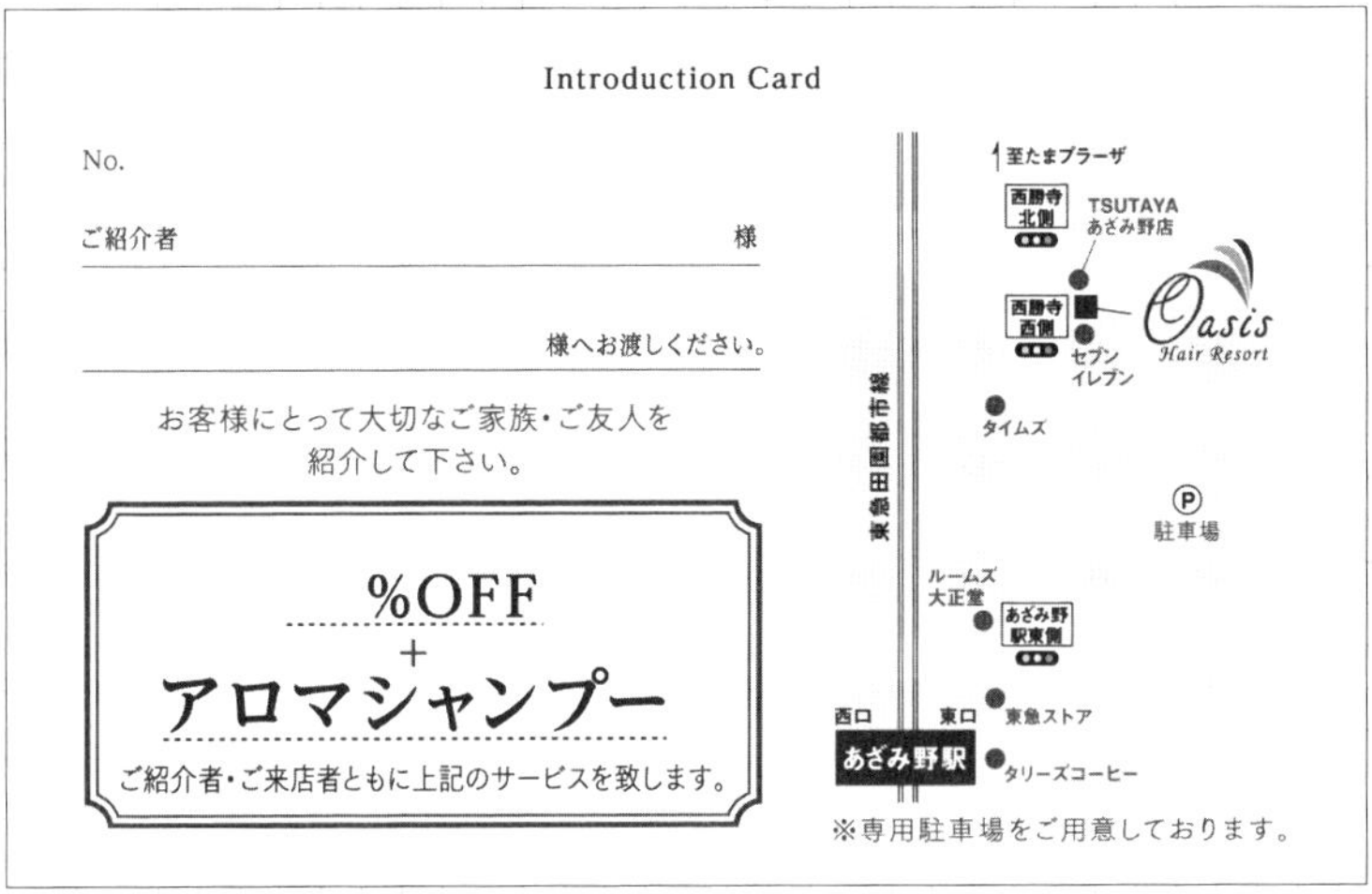

POINT 紹介カードには
「ご家族・ご友人を紹介してください」と書くよりも、
家族の誰なのか、
友人の誰なのかを指定して記入すると
お客様はもっと紹介しやすくなる

07

お客様がサロンを紹介したくてもできなかった理由

紹介カードにどんな特典をつけているか？

紹介カードにどんな特典をつけていますか？

私が担当しているサロンでは、「来店者・紹介者ともに20％ＯＦＦ」という内容が圧倒的です。

しかし、その記述のしかたでは、実はお客様に紹介してもらいにくいという事実が発覚したのです。

ある美容室の事例です。はじめてその美容室に来店されたお客様がいらっしゃいました。お客様は、内装・接客・技術のすべてに満足されたようです。

お帰りになる際、お客様に紹介カードをお渡ししているのですが、そのお客様は自分から、「本当に素敵なお店ね。たくさんの人に紹介したいから、紹介カードを10枚くれないかしら」と言ってくれたのです。このようなお客様は、店にとってとても貴重な存在。どれだけの人を紹介してくれるのか、ワクワクします。

では、何人紹介してもらえたのか？

さて、ここで問題です。このお客様は、紹介カードを10枚持って行ってくれました。何人に紹介カードを渡して、何人紹介してくれたと思いますか？

答えは、息子をひとり紹介しただけで終わってしまったのです。あれだけ店のことを気に入ってくれていたのに……なぜ、ひとりにしか紹介カードを渡さなかったのか？

なぜなら、紹介カードに記載されていた文章に、お客様の気が引けてしまったためです。紹介カードには、「来店者・紹介者ともに20％ＯＦＦ」と書かれていました。

このお客様は、店のことを本当に気に入って紹介したいと思っていたのですが、この文章を見て、友人に「店の紹介をするのは自分のためでしょ」と思われるのが嫌だったのです。

なぜ、サロンを紹介したくてもできなかったのか？

紹介カード
ご来店者・ご紹介者ともに
20% OFF いたします。
Salon Rabbit
〒123-4567 東京都●●区●●●
TEL:03-1234-4567　http://www.salonRabbit

×

このような紹介カードの特典の場合、
本当に紹介しようと思っていても、
「特典がほしくて紹介するんでしょ」…と
思われてしまいそう

↓

○

特典は「ご来店者は20%OFFいたします」
だけにしよう。紹介してくれた人には、
来店してくれたときにサービスしたり、
「お礼のDM」を送るなどして感謝を伝える

08

単に「紹介してください」と伝えるだけでは意味がない

紹介してもらうときのポイント

私が所属している株式会社ビューティガレージのサロン集客チームでは、主に開業を控えているサロンオーナーに向けて、販促ツール制作や集客のコンサルティング（アドバイス）を行なっています。

開業したばかりのサロンオーナーの場合、友人も同じ境遇であるケースが多々あります。

そこでサロンに伺った際、オーナーに、「**開業を控えている**ご友人がいらっしゃったら、ビューティガレージを紹介してください」。そして、「**『〝サロン集客ヘルパー〟と検索すると、サロン集客のネタを収集できるから見たらどう』**と伝えてください」とお願いするようにしています。

つまり、人を紹介してもらう際には、「**どんな人**を紹介してほしいのか」、また、「**何と言って**紹介してほしいのか」を必ず伝えることです。

「〇〇と言われたらこの名刺を渡してください」

「2対6対2の法則」をもう一度、思い返してください。6割の人は、聞かれたら紹介するという層でした。そこで、それを利用して、このように伝えることで紹介客を増やす方法があります。

「『その髪型かわいいわね。どこでやったの？』と友人に聞かれたら、この名刺を渡して、『この人がやってくれたの』と伝えていただけたらうれしいです」

紹介カードではなく、名刺を使って紹介客を増やす方法です。お客様は特典がほしくて店を紹介するわけではないのです。お客様が店やスタッフに本当に満足したとき、店がお客様にどう行動してほしいのかを伝えるのに、このテクニックは非常に有効です。「紹介してください」という言葉を言わずに、紹介してくれるように促せたら、サロンにとってこんなうれしいことはないですよね。

単に「紹介してください」と伝えてもムダ

今日お帰りになって、

「その髪型いいね！」

とお友だちに言われたら、

「この人にやってもらったの」と
名刺を見せてください

POINT お客様がお帰りになる際に、ひと言伝えよう！
そうすることでお客様は
口コミ行動を起こしやすくなる

10章

集客に成功しているサロンの具体策

01
集客数が4倍になった店前看板は何を変えた？

スタッフとの店前看板ミーティング

横浜市にある美容室「オアシス」。オーナーである青木氏から「店前看板を変更したい」と依頼を受け、スタッフミーティングに参加しました。

スタッフの提案＋経験則で3点チョイス

通りがかりのお客様の「注目」を集めるために考えたことは、次の3点です。

①どんな美容室かを伝える

通りがかりのお客様は、「何の店」なのかよくわかっていないことが多々あります。そこで、きちんと「美容室」であることを伝えることがとても大切なのです。今回のケースでは、「マイナス5歳を実現する美容室」というように、どんな特徴がある美容室なのかまで伝えました。

②どんなスタッフが働いているかを伝える

通りがかりのお客様は、どんなスタッフが働いているのか気になっています。そこで、スタッフの顔写真を掲載し、お客様の不安を少しでも取り除くことを意識しました。

また、スタッフからのひと言コメントを追加することで、それぞれのスタッフの特徴が伝わるようにしています。「オアシスから一言」で、毎日、店の前を通る人から飽きられない工夫もしています。

③お客様にどのような行動をとってほしいかを示す

矢印を活用して、お客様の目線を店に誘導しています。お客様が自然に店に入れるような工夫です。また、店に入るのを何となくためらうお客様のために、「髪の悩み対処法」というチラシを手に取れるように看板に設置しました。

この3点を変更しただけで、店前集客数が4倍になりました。店前看板を工夫するだけで、このような結果が出るのです。

店前看板を変えて集客数が4倍に！

通りがかりのお客様に
「注目される看板」にする3つのポイント

❶ 何の店か

→どんな美容室かを伝える

❷ どんなスタッフが働いているか

→顔写真と本人のひと言を掲載

❸ お客様にどのような行動をとってほしいか

→店内に誘導する工夫

02 3回使えるクーポンが大当たり！

ネット媒体より紙媒体で勝負！

茨城県牛久市にある美容室「ＬＩＫＯ」を紹介しましょう。ＬＩＫＯは出店するエリアが郊外だったため、ネット媒体だけでなく、とくにチラシに力を入れたほうがいいと思い、提案しました。

今回のケースはチラシに力を入れるということで、Ａ３の片面カラーをチョイスしました。

Ａ３サイズにすることで、多くの情報を掲載することが可能になります。しかし、オープン前は掲載する素材（店内写真・外観写真・ヘアスタイルなど）に苦労します。そこで私が提案したことは、チラシに記載する内容をまずまとめることでした。

チラシに掲載する内容とは？

内容としてはコンセプト・サロンとしての「ウリ」「メニュー」「クーポン」「自己紹介」「サロン基本情報」をチラシに記載することにしました。とくにこだわったのは、クーポンと自己紹介文です。

①**クーポン**……ほとんどのチラシが、初回来店者のみに適用されるクーポンです。しかし今回提案したのは、「3回使えるクーポン」です。また、ただ3回と伝えるのではなく、どうクーポンを使うと「あなたのきれい」が保てるのかも盛り込みました。

その結果、1万枚配布して、１００名以上のお客様が来店してくださったのです。また、ほとんどのお客様がチラシを持ち帰り、次回持ってくるといういい結果が出ました。

②**自己紹介文**……美容室の自己紹介文を見ると、「すべてのお客様をきれいにします」という文章が多いようです。今回は、「なぜ牛久にオープンするのか」、そして、「このエリアにどのように貢献したいのか」を強調。結果、その自己紹介文に引かれて、多くの方が来店したのです。

3回使えるクーポン

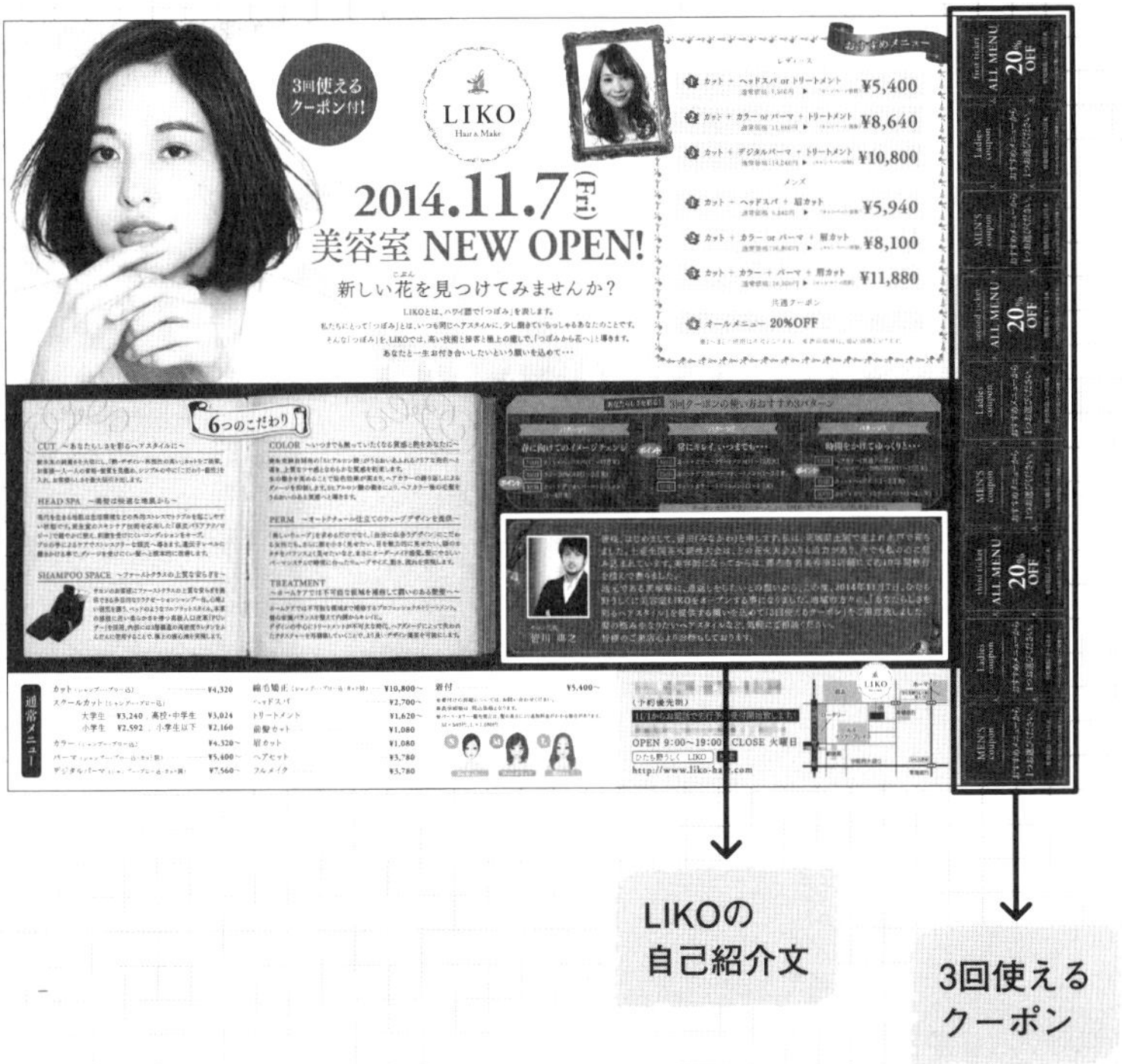

POINT チラシを作成する際、
新規のお客様限定のクーポンが多いが、
それを逆手に取って、3回まで使えるようにした

3回来店すると、お客様は固定客になりやすい。
「3回使えるクーポン」で来店してくださったお客様は、
次回もしっかりチラシを持ってきてくれた

03 ブログだけで新規集客数が毎月20名以上になった！

「IT美容師」現わる

東京・世田谷区にある美容室「メルリへアリビング」のオーナー守部氏を紹介します。

守部氏にお会いしたのは今から約3年前。守部氏の第一印象は、「IT美容師」。サロンをオープンするずっと前からブログを発信し続けています。

私がお会いする美容師の方の90％以上が、ブログは苦手とおっしゃいます。ところが、守部氏はほぼ毎日ブログを更新し、そして何より楽しんでいるのです。

なぜお客様は快く撮影させてくれるのか

守部氏のブログの特徴は、ビフォーアフターの数が半端ではないこと。

美容室がお客様に撮影をお願いすると、「顔が写るのは嫌だ」と断わられるケースが多いのではないでしょうか。しかし、同氏のブログは、ほぼ毎日、違うお客様のビフォーアフターが掲載されているのです。

その秘密は、ワゴンに一眼レフがスタンバイされていること。そして何より、ブログでビフォーアフターを頻繁に更新していることで、来店されるお客様が、写真を撮られることを予想しているためです。顔が写るのが嫌なお客様は、顔を隠してブログに掲載しています。

守部氏は、「ブログを見て初来店されるお客様のうち、90％以上の人がビフォーアフターの撮影を快く承諾してくれる」と言います。

ブログで情報を発信し続けていることで、お客様には来店前からサロンの特徴が伝わっているのです。その結果、新規のお客様が毎月20名以上も来店されます。中には、他県からわざわざ来店されるお客様もいらっしゃるほどです。

毎月20名以上を新規集客するサロンのブログ

美容室「メルリヘアリビング」のブログ　http://maison-de-merli.com/

POINT
・ほぼ毎日更新する
・お客様のビフォーアフターを掲載する
　→同じような悩みを持つ方が、
　　その仕上がりを求めて遠方からでも通ってくれる

04 集客できる美容室のホームページの工夫とは？

ネット媒体をフル活用

東京・西池袋にある美容室「ローラン」の代表である西岡氏を紹介しましょう。同氏は、都内で有名な美容室「アフロートジャパン」の代表を務めながら、独自に美容室ローランをオープン。

西岡氏の方針は、チラシをポスティングするのではなく、ブログなどのネット媒体をフル活用することにあります。ブログを見てもらうために、ソーシャルメディア（フェイスブック・ツイッター・グーグルプラス・LINE＠）を活用。そして、女性向けまとめサイト「メリー」（http://mery.jp/）にヘアスタイルを掲載し、ブログに誘導しています。

予約導線をしっかり確保

ローランのホームページには、こだわったポイントが2点あります。

①ヘアスタイルの見せ方

美容室のヘアスタイルページを見ると、多くは画像をクリックすると、写真が拡大されます。しかし、その仕様では、検索エンジンにひとつひとつのヘアスタイルページが認識されません。

ローランのヘアスタイルページは、ヘアスタイル一覧と詳細を用意しているので、ヘアスタイルの詳細ページが、検索エンジンにひとつひとつ認識されます。結果、ヘアスタイルを増やせば増やすほど、検索エンジンにどんどん蓄積されるのです。

②予約導線の確保

ローランのホームページは、どのページを見ても予約導線が確保してあります。そして、メニューページを見るとさらにこだわりがあります。それは、「新規のお客様」「再来のお客様」のそれぞれが使用できるクーポンを掲載していることで、既存のお客様もホームページから再度予約してくれるのです。

集客できる美容室のホームページとは？

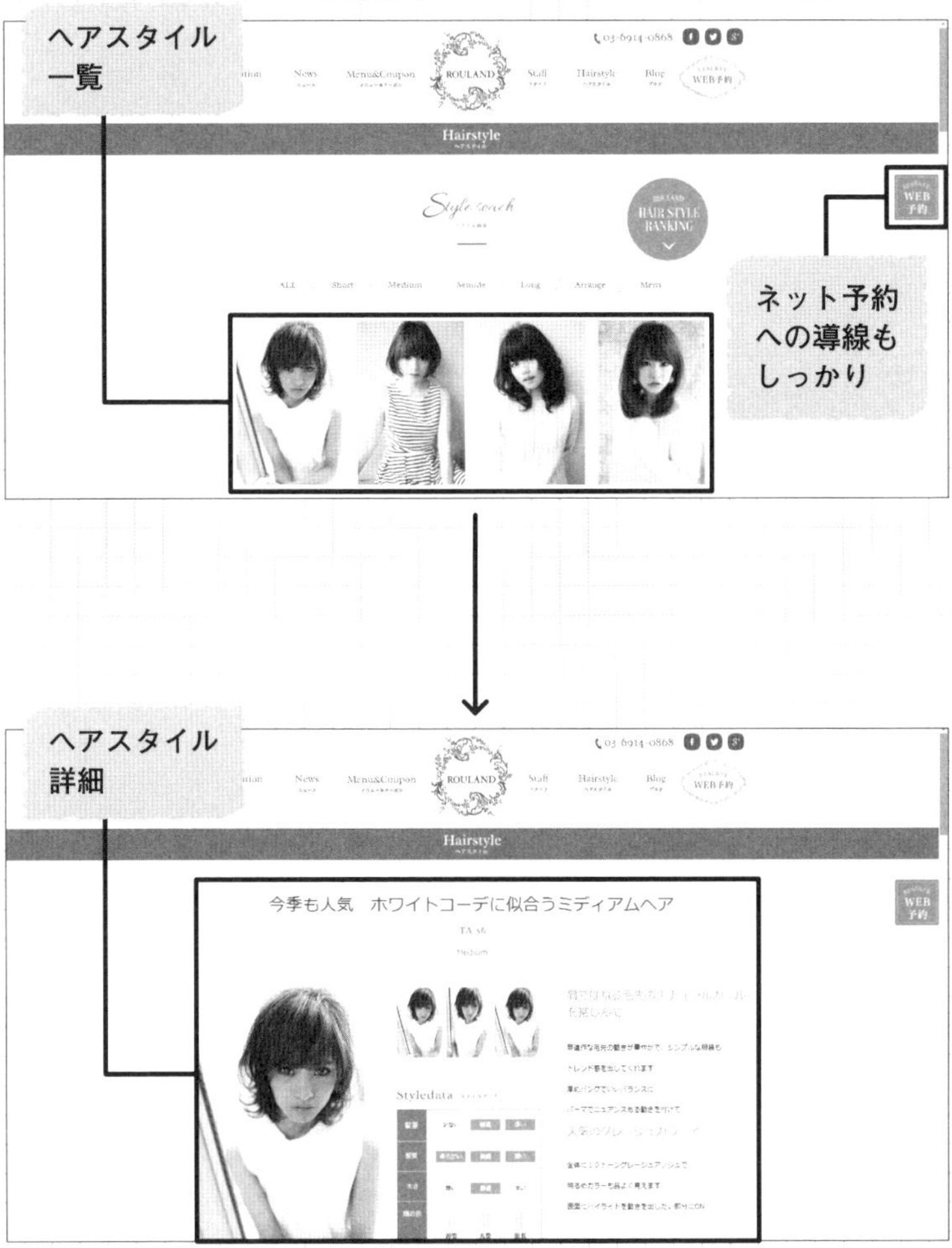

美容室「ローラン」のホームページ　http://rouland.info/

05 YouTubeでの動画で指名率が2倍に！

動画で指名率が2倍になった！

埼玉県ふじみ野市にある美容室「ニッチ」を紹介します。ニッチでは、動画でサロン情報やスタッフひとりひとりによるお客様へのメッセージを発信したことで、指名率が2倍になったのです！　それだけお客様は、「スタッフがどんな人なのかを知りたいのだな」と改めて実感しました。

スタッフ紹介は6ステップで

スタッフの紹介動画は、できれば1分前後。長くても3分以内に抑えることがポイントです。長すぎる動画は、お客様が最後まで見てくれません。動画はストーリーを意識して、ニッチでは以下の6ステップで作成しています。

①**挨拶**……動画を見てくださる人に向けてしっかりと挨拶をします。

②**店内紹介**……どんな店なのか、ひと言で伝えています。その際、ウリとなるメニュー・得意なスタイルがあれば一緒に伝えます。

③**モデルの紹介**……モデルの髪の状態を伝えて、どんな悩みがあるのかをしっかりヒアリング。仕上がりの理想をプロの視点で伝えます。

④**施術の様子**……実際に施術をしている様子を伝えることで、お客様は疑似体験できます。

⑤**仕上がり**……実際に仕上がったヘアスタイルを解説。ここでのポイントは、モデルからひと言感想をもらうこと。

⑥**予約を促す**……最後が一番大切です。動画を見てくれたお礼、そして、「ご来店をお待ちしております」というひと言です。電話番号やネット検索ワードへの誘導も忘れないでください。

この動画で、指名予約件数が2倍になりました。

YouTubeの動画で指名率が2倍に！

スマホでの動画撮影風景

美容室「ニッチ」の紹介動画　https://youtu.be/xGgkJejYmf4

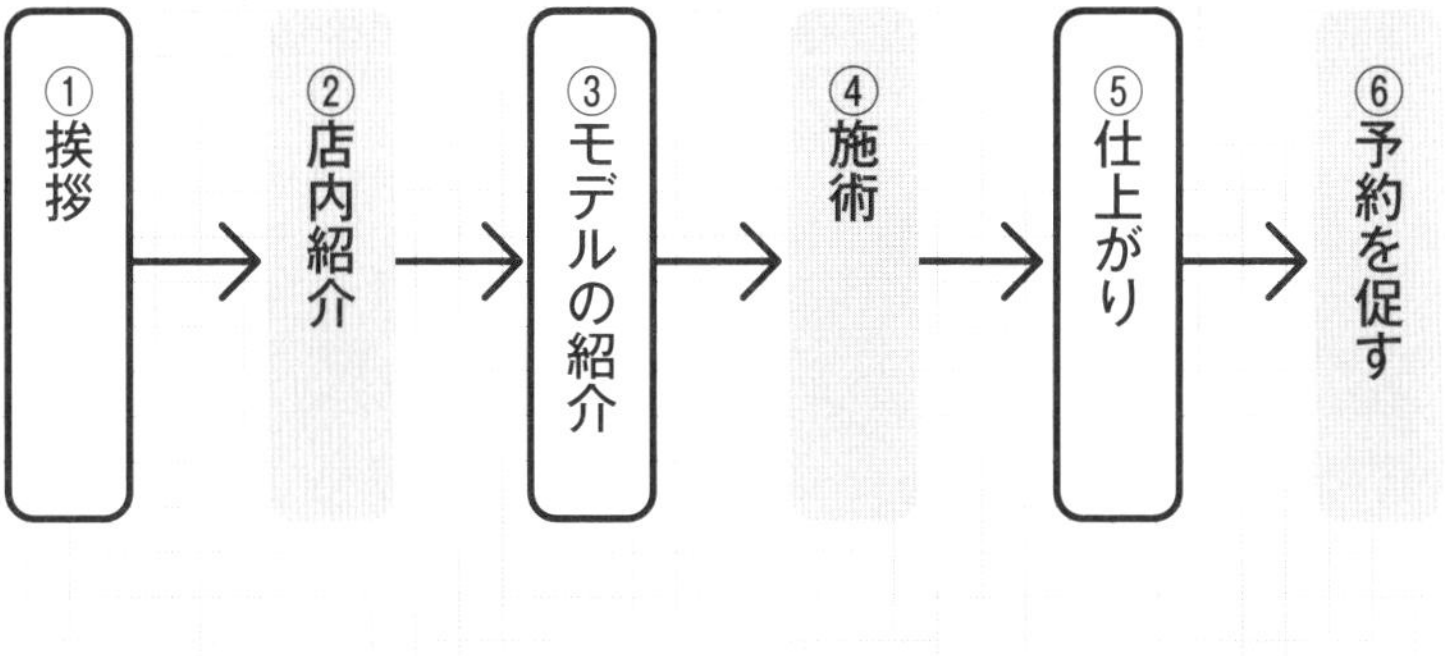

06

ホームページにブログを組み込もう

無料ブログには欠点がある

埼玉県富士見市にあるのが、ネイルサロン「リリーアンドクラウン」です。同店は、一軒家をまるごとネイルサロンにしています。

代表の黒田氏の第一印象は、ＷＥＢに精通している、ということ。

当時私は、集客できるブログも無料ブログであると思っていましたが、黒田氏は、無料ブログの欠点を指摘してきたのです。

その欠点とは、検索エンジンで上位表示するためにカスタマイズできることが不十分であること。「つまり自由度が少ないことだ」と黒田氏は言いました。

黒田氏との出会いがなかったら、私は今でもクライアントに無料ブログをすすめていたと思います。

ホームページ内にブログを組み込む

無料ブログは、なぜ無料であるかを考えたことありますか？

それは、ブログを運営している会社が広告を掲載し、広告収入を得て成り立っているからです。つまり、無料で利用できる代わりに、そのブログには必ず他社の広告が掲載されてしまうのです。

そこでリリーアンドクラウンでは、自店のホームページ内にブログを組み込んでいます。そうすることで、自社のリソースとしてブログを運用できます。

ブログからの集客で必ず行なっていることは、記事の末尾に「どんな店かを掲載していること」です。

具体的には、「外観写真」「店内写真」「サロンの基本情報」を、毎回、記事の最後に記載しています。そうすることで、お客様は同店に予約したいと思ったとき、迷わず予約することができます。

無料ブログから脱退してホームページ内に

ネイルサロン「リリーアンドクラウン」のホームページ　http://lily-crown.jp/blog/

POINT 無料のブログは自由度が少ないので、
ホームページ内に掲載することがおすすめ。
記事の最後には毎回、「店の外観」「店内写真」
「サロンの基本情報」を記載しよう

07 既存顧客の囲い込みが何より大切

リピート率80％のキラキラメンバー制度

東京・渋谷区にあるネイルサロン「イルミネージュ」の代表が下司氏です。

下司氏は、お客様のリピート率向上を目的として「キラキラメンバー制度」を導入しています。内容は、一度来店してくれたお客様に渡すメンバーズカードに、ディスカウントや限定セミナーに参加できるなどの特典をつけていることです。この制度で、リピート率80％以上を達成しています。

ニュースレターを毎月発行

キラキラメンバー制度のもうひとつの特典として、毎月ニュースレターを自宅に郵送しています。ニュースレターには、3つの仕掛けをしています。

①誕生日のメンバーを掲載

ニュースレターにキラキラメンバーを掲載することで、そのメンバーは店が自分を覚えてくれていることにうれしくなります。そして、そのニュースレターを家族や友人に見せる機会が増えることによって、ニュースレターが口コミ効果を促進することにつながっています。

②スタッフの近況報告を掲載

スタッフの近況をニュースレターで報告することで、担当以外のスタッフがどんな人なのかが伝わります。結果、「今度違う人を指名してみようかな」という気になってくれることで、スタッフの指名率の向上につながっています。

③同じエリアのショップを紹介

ニュースレターに、同じエリアの店を紹介すると思わぬ恩恵があります。それは、掲載した店がニュースレターを置きたいと言ってくれることです。それで、お互いにお客様を増やすことが可能になります。結果、WIN-WINの関係が構築できます。

既存顧客を囲い込む「キラキラメンバー制度」

POINT 「キラキラメンバー制度」の特典は値引きだけではない。
限定セミナーの参加やメンバーだけに
ニュースレターを郵送するなど、
お客様とのつながりを第一に考えたしくみになっている

おわりに

最後までお読みいただき、ありがとうございます。

本書でお伝えしたことは、決して新しく画期的な集客ノウハウというわけではありません。その代わり、「サロン集客」で一番大切なことをお伝えしてきました。

①サロンをお客様に知ってもらう

30年間、地元密着で運営してきたある理容室が、世代交代することになり、全面リニューアルを行ないました。そこで、新規のお客様が来店したときに、「こんなところに理容室があったのですね？」と言われたそうです。30年も地域密着で運営していたにもかかわらず……。

つまり、あなたのサロンも、まだまだ地域の皆様に知られていないかもしれない、ということです。知ってもらうためには、看板・紙媒体・ネット媒体で存在を発信し続けることが何よりも大切です。

②サロンをお客様に選んでもらう

皆様は、異性と交際をするとき、何が決め手で交際するでしょうか？　容姿、経済力、フィーリング……。どれも、決め手になり得るものばかりです。

サロン集客に置き換えた場合も、お客様に選ばれる決め手があります。例えば、ゆったりできる空間、スタッフの人柄、全面的に信頼できる技術力など。ここで大切なことは、その決め手となることを、お客様にしっかり伝えているかということです。

例えば、サロンが発信するプロフィールを拝見すると、オーナーやスタッフがどんな人なのか、いまいちイメージができないケースがほとんどです。それでは、お客様はあなたを選んでくれないのではないでしょうか？

③サロンに通い続けてもらう

お客様はなぜ、あなたのサロンに通い続けてくれているのでしょうか？　そのことをお客様に聞いてみたことはありますか？

もし、聞いたことがないのであれば、本書を読み終えた後に、常連のお客様に聞いてみてください。すると、あなたが考えていたサロンのウリとは違うウリを発見できるかもしれません。そして、それを聞くことで、同じように常連になってくれそうなお客様の層を、再認識できるのではないでしょうか。

本書の「はじめに」を思い出してください。「あなたのサロンには、本当に来てほしいお客様を集客できていますか？」と語りかけたことを。

本書は、それを叶えるための実践ノウハウや多くのサロン事例をお伝えしてきました。あなたのサロンが本当に来てほしいお客様で溢れ、今よりも繁盛し続けることを願っています。

最後に、本書を出版するにあたりお世話になった方に感謝を申し上げます。

出版のきっかけをくださった、株式会社ライジングローズ代表取締役の向井邦雄様。出版企画書の書き方をレクチャーしてくださった、伝える力【話す・書く】研究所所長の山口拓朗様。

同文舘出版主催の出版会議で出会った同期の皆様。とくに、同じ美容業界ということもあり仲良くしている株式会社アング代表取締役の下司鮎美様、あなたがいなかったら執筆活動をやり遂げることは困難でした。

本書を刊行してくださった同文舘出版株式会社の古市達彦編集長、二人三脚で歩んでくださった担当の戸井田歩様。

本書の出版を許してくれた株式会社ビューティガレージの野村秀輝代表取締役CEO。

そして、本書を出版するにあたってご協力いただいたサロンオーナー様、本当にありがとうございます。

最後にこの言葉で締めくくりたいと思います。


「サロン集客は1日にしてならず」

継続するからこそ、皆様のサロンがさらに繁盛します。そのお手伝いを、本書ができたのであれば、幸いです。

株式会社ビューティガレージ　サロン集客チーム　阿部弘康（サロン集客ヘルパー）

「集客ができない」と悩んでいませんか？

私が所属する株式会社ビューティガレージのサロン集客チームは、美容に特化したサロン集客のプロ集団です。年間約 250 サロンの集客をお手伝いしております。

コンサルティングの依頼やホームページ制作、チラシ・名刺作成などお気軽に相談ください！

詳しくは　サロン集客ナビ　検索

QR コードからもサイトをご覧いただけます。

http://www.shukyaku.jp

BEAUTY GARAGE

株式会社ビューティガレージ
サロン集客チーム

Tel：03-5752-3889

（受付時間）平日：9:30 ～ 18:30
（定休日）土日祝

著者略歴

阿部　弘康（あべ　ひろやす）

株式会社ビューティガレージ サロン集客チーム リーダー
1980年生まれ。名古屋市出身。美容室専売化粧品メーカーの営業を経た後、株式会社ビューティガレージに勤務。同社のサロン集客チームに所属しており、サロンに対して販促ツールの提案や、コンサルティングに従事している。
「サロン集客ヘルパー」として、サロン集客の情報を発信するブログを毎日発信中。自ら考案した「サロン集客」のノウハウを伝えるべく、勉強会やセミナーを定期的に開催。これまでにサロン関係者500人以上に受講いただく。
店舗の「魅力」や「売り」を引き出すコンサルティングにも定評があり、これまでに携わったサロンの89%が売上を伸ばす。集客数アップのノウハウだけではなく、サロンのスタッフが自発的にブログを書きたくなる方法など、「スタッフ育成」を目的とするブログ講座も展開する。サロンへのお役立ちをミッションに活動中。

株式会社ビューティガレージ
〒154-0015　東京都世田谷区桜新町1-34-25
TEL: 03-5752-3889（サロン集客サポート専門ダイヤル）　FAX: 03-3702-0323
URL：http://www.beautygarage.co.jp/
■サロン集客支援サービス　サロン集客ナビ　http://www.shukyaku.jp/
■サロンシステム導入支援サービス　サロンシステムナビ　http://www.salonsystem.jp/
■阿部弘康の公式サイト　http://abehiroyasu.com/
　詳しくは「サロン集客ヘルパー」で検索！

“来てほしいお客様”で溢れる！　「サロン集客」の教科書

平成27年9月17日　初版発行

著　者 ―― 阿部弘康

発行者 ―― 中島治久

発行所 ―― 同文舘出版株式会社

東京都千代田区神田神保町1-41　〒101-0051
電話　営業03（3294）1801　編集03（3294）1803
振替00100-8-42935

©H.Abe
ISBN978-4-495-53201-7
印刷／製本：萩原印刷　Printed in Japan 2015

JCOPY ＜出版者著作権管理機構 委託出版物＞
本書の無断複製は著作権法上での例外を除き禁じられています。複製される場合は、そのつど事前に、出版者著作権管理機構（電話 03-3513-6969、FAX 03-3513-6979、e-mail: info@jcopy.or.jp）の許諾を得てください。